KB043635

OPPORTUNITY FOR WOMAN NOT TO LOSE

하버드대 서울대 행복학 강의 시작
여자가 놓쳐서는 안될 1%찬스
이희영 지음

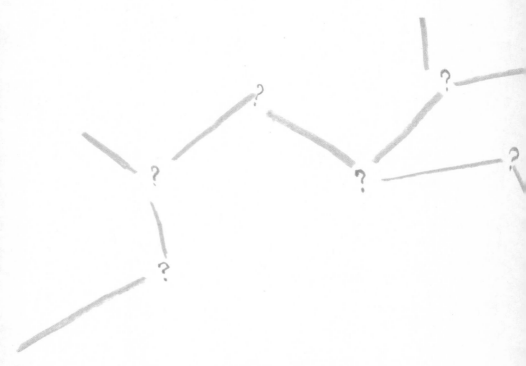

동서문화사

1%찬스가 99%행복을 부르는 법칙
이희영

　행운의 네잎 클로버는 힐러리 클린턴과 오프라 윈프리만의 것인가요? 평범한 당신의 인생엔 행운이란 너무나도 먼 일인가요? 아닙니다. 당신도 인생의 찬스를 손에 쥘 수 있습니다.

　바로 이 한 권의 책이 당신에게 1%찬스를 귀띔해줄 것입니다. 45가지 감동의 이야기와 9가지「네잎 클로버 강의실」이 당신을 99% 행복하게 만드는 1%의 씨앗 그 찬스를 알려줄 것입니다.

　그럼, 1%찬스 정체는 무엇일까요?

　바로 '행복학 수업'입니다.

　복잡한 현대사회에서 바쁘게 움직이고 끊임없이 경쟁하다 보면 자칫 왜 경쟁하고 움직이는지 잊어버릴 수도 있습니다. 그래서 필요한 것이 '행복학 수업'입니다.

　올봄 처음으로 서울대학교에서 '행복학' 강좌가 개설되었습니다. 지난 2006년 2월 하버드에서 심리학 강사 벤―샤하르의 '행복학' 강의가 정신적 압박과 스트레스를 심하게 받고 있는 하버드생들에게 삶의 용기를 주었던 것처럼 이 수업도 서울대학교 학생들에게 큰 도움이 될 것입니다.

1%찬스가 99%행복을 부르는 법칙

미국에서는 '행복학' 석사 과정이 있고 영국에서는 고등학교 교과목에 '행복학'이 있습니다. 서울대학교에서 개설된 '동서양고전과 행복' 과목의 담당 교수는 말합니다.

　"'행복학' 강의가 물질문명이 초래하는 정신적 황폐화를 개선하기 위한 학문적, 교육적 노력의 시발점이 될 것입니다."

　동서양 최고 고전이라는 논어조차도 결국 인간의 행복론에 관한 것입니다.

　'벗이 먼 곳에서 찾아온다면 기쁘지 않겠는가.'

　이것은 행복에 있어서 인간관계의 중요성을 말합니다.

　'남이 알아주지 않아도 원망하지 않으면 군자답지 않겠는가.'

　이것은 세속적 명예에 얽매이지 않고 분수를 지키며 사는 삶이야말로 행복한 인생의 시작이라는 의미를 깨우쳐 줍니다. 여성이라 해서 무엇이 다르겠습니까.

　구도자 틱낫한 님은 한송이 조그만 풀꽃 속에서도 우주를 본다고 하였습니다. 인생의 행복도 이와 같습니다. 다함없는 행복은 행복한 사람 자신 안에 그 둥지를 틉니다. 작은 것에서 큰 섭리를 발견하고 배우고 체험할 수 있는 1%찬스는 당신의 삶을 성공적으로 만들 것입니다.

　오랜 시간 움츠렸던 마음을 활짝 열고 한번 쾌활하게 웃어보십시오. 행복의 권리를 최대한 누리십시오.

　새들처럼 마음껏 푸른 창공을 나는 꿈을 품어 보십시오. 당신은 1%찬스를 잡을 수 있는 행운아입니다. 당신은 1%찬스로 99%행복을 누릴 것입니다. 지금 당장 행운의 주인

공이 될 것이란 믿음을 품어 보십시오. 이 반짝이는 이야기들 속에서 여자가 놓쳐서는 안 될 1%찬스를 꼭 잡으십시오. 평범한 당신을 특별한 성취의 세계로 안내하는 열쇠가 될 것입니다.

　헬렌 켈러는 이렇게 말합니다.
　"행복의 문 하나가 닫히면 다른 문들이 열립니다. 그러나 우리는 대개 닫힌 문들을 멍하니 바라보다가 우리를 향해 제대로 열린 문을 보지 못하고 맙니다."
　이제는 당신 앞에서 무심코 닫혀버린 문들에게서 눈을 떼고 당신을 향해 활짝 열린 문을 바라보십시오. 그 문밖으로 무엇이 보입니까?

여자가 놓쳐서는 안될 1%찬스
차례

저 여기 있어요!

있는 그대로의 소박한 믿음에는
어떤 거짓이나 눈속임도 있을 수 없습니다

로저스 가족은 독실한 크리스찬 가족이었습니다.

아버지는 자녀들의 영적 상태에 대하여 특별히 관심이 많아 아이들이 구원을 확신하고 있는지 알아보려고 자주 퀴즈를 내곤 했지요.

때때로 아이들이 예수 그리스도와 어떤 관계를 맺고 있는지에 대해 직접 이야기하도록 하곤 했습니다.

하루는 영생에 대해 어떻게 생각하는지 여섯 살 배기 지미가 말할 차례가 되었지요. 지미는 나름대로 자신의 관점에서 설명했습니다.

"제 생각에는 천국에선 이런 일이 일어날 것 같아요. 하루는 우리 모두 천국에 갔어요. 하얀 천사가 커다란 책에서 천국에 있게 될 사람들의 이름을 부를 차례가 되었지요. 천사는 로저스 가족에게 와서 '아빠 로저스?' 하고 불러요. 그러면 아빠는 '여기요!' 하겠지요. 그 다음에 천사는 '엄마 로저스?' 해요, 그럼 엄마는 '여기요!' 하지요.

이제 천사는 내려와서 '수지 로저스?' 또 '마비스 로저스?' 해요, 그러면 둘 다 '여기요!' 하고 대답해요."

아이는 잠시 멈춰 숨을 깊이 한 번 들이마시고는 계속했

저 여기 있어요!

습니다.

"그리고 마지막으로 그 흰 천사는 제 이름을 불러요. '지미 로저스?' 전 작아서 천사가 빼먹을지도 모르니까, 깡총 뛰어서 진짜 큰 소리로 대답해요. '여기요!'"

이로부터 며칠 지나지 않아 교통사고가 났습니다. 지미가 스쿨버스를 타러 가는 길에, 차에 치었던 겁니다. 아이는 구급차에 실려 급히 병원으로 갔고, 가족 모두가 달려왔습니다. 그러나 아이는 위독한 상태였어요.

그 가족은 다같이 이제 움직이지도 않고 의식도 없는 어린 지미를 둘러싸고 있었습니다. 의사들은 이미 모든 노력을 다 해본 상태였지요. 그러나 애석하게도 지미는 아침이 되기 전에 하늘나라로 떠날 것 같았습니다.

가족들은 열심히 기도하며 기다렸습니다. 밤이 깊었을 때 아이가 약간 움직이는 듯했습니다. 모두 가까이 다가갔지요. 아이의 입술이 조금씩 움찔하는 것이 보였습니다. 아이가 생을 마치기 전에 한 말은 단 한 마디였습니다. 하지만 그 말은 뒤에 남아 슬퍼하는 가족들에게 얼마나 큰 위로와 희망을 주었던지요. 어린 소년의 목소리는 분명했습니다. 모두가 알아들을 수 있을 만큼 충분히 크고 분명했지요.

"여기요!"

그리고는 이 세상을 뒤로 하고, 흰 천사가 명부에 적힌 이름을 부르고 있는 새로운 세상으로 갔습니다.

엄마와 민들레

엄마도 의학을 공부하신 분이었지만
진심으로 민들레의 전설을 믿고 계셨습니다
이 세상과 사랑의 손을 끝까지 놓치고 싶지 않으셨기 때문입니다

일 년 전 이맘때쯤 우리는 초롱불을 들고 산과 들에 널린 민들레를 찾고 있었다.

그 때 엄마는 오랫동안 당뇨병과 고혈압에 말기 요독증을 앓고 계셨다. 그렇지만 혈액이 묽어서 신장이식도 하지 못한 채 광주에 있는 남방병원에서 퇴원한 상태였다.

엄마는 오랜 세월을 병원에서 치료를 받았지만 병세는 좋아지지 않았다. 어떤 음식이든 먹기만 하면 토했고, 복부에는 물이 차면서 신장이 쇠약해지고 배뇨도 적어졌다. 사지가 깡말라 '후' 하고 불면 재가 될 것 같은 상태에서 엄마는 집으로 돌아오셨다.

"민간요법이라도 써 봐요. 다른 방법이 없잖아요."

큰 병원에서는 야생풀을 함부로 쓰면 신장이 더 상한다고 이미 수차례 주의를 주었다. 그러나 심한 구토에 시달리던 엄마가 아빠의 두 팔을 잡고 눈물을 줄줄 흘리면서 말했다고 한다.

그 날 밤 아빠는 남동생을 데리고 사람들이 일러준 한 한의원에 약을 지으러 갔다. 그 한의사는 요독증을 여러 번 고

친 적이 있는 용한 의사라고 했다. 두 사람은 한밤중이 되어서야 돌아오더니 손에서 약을 한 보따리씩 풀어놓았다.

"잘 보관해라, 민들레를 달인 물인데 그렇게 효과가 좋단다!"

아버지는 약간 흥분하신 듯이 말씀하셨다.

"추석 때쯤이면 다 나을 거래요."

남동생이 엄마의 어깨를 주무르며 활짝 웃었다.

"그렇게 되면 엄마가 한상 가득 맛있는 음식을 차려줄게."

그 순간 우리는 추석날 맑은 하늘에 둥근 보름달이 걸려 있는 걸 보는 것처럼 마냥 행복해 했다.

그 민들레 달인 물이 효과가 있었는지 엄마는 하루가 다르게 좋아지셨다. 구토도 줄고 밥도 먹게 되면서 오줌 양도 늘자 엄마는 눈에 띄게 밝아지셨다. 어떤 때는 매일 집 밖에서 기공 수련을 하겠다고 조르기까지 하셨다. 우리는 엄마가 넘어질까 봐 겁이 나서 서로 앞서거니 뒤서거니 하면서 같이 수련을 했다. 그러면 엄마는 목을 길게 뽑아 전통가곡 〈꽃과 나비·답 리쑤이〉의 한 대목—병원에서도 의사와 간호사, 환자들 모두 극찬했던—을 구성지게 노래했다.

다만 약의 재료인 신선한 민들레를 구하는 게 힘든 일이었다. 계절이 바뀌고 날이 건조해지자 민들레를 구하는 것이 더욱 힘들었지만 필요량은 점점 늘어만 갔다. 아빠는 멀리 외곽의 산이나 들에 나가 온몸에 먼지를 뒤집어쓴 채 민들레를 한아름 안고 돌아오시곤 했다.

게다가 친구나 동료, 친척들도 민들레란 민들레는 삼삼이 훑어오곤 했다. 또한 우리 집을 방문하는 사람들도 한 손에는 과일, 다른 한 손에는 민들레를 들고서 찾아왔다. 심지어는 아이들까지 민들레를 캐서 가져다 줄 정도였다.
　주치의는 엄마의 오랜 친구였는데 병세가 좋아져서 최악의 상황은 벗어났다고 엄마에게 말했다.
　그런데 그 말을 들은 지 열흘도 채 되지 않아 엄마의 배와 다리가 붓기 시작했다. 구토도 다시 시작되었고 오줌 양이 급격히 줄었다. 심장이 더 약해져서 숨쉬기가 힘들어지자 덩달아 말을 하기도 어려워졌다. 엄마는 입을 벌리고 숨을 쉬면서 눈물을 뚝뚝 흘리시며 오래도록 우리만 바라보셨다. 아빠는 단순히 일시적인 현상이라며 사방팔방으로 약을 구하러 다니셨다.
　민들레 달인 물을 단 한 번도 빼먹지 않았는데도 효과는 점점 사라졌다. 엄마는 혼자서는 전혀 몸을 가누지 못하게 되었고, 며칠 동안 잠을 이루지도 못했다. 그리고 다리에도 점점 물이 차기 시작했다. 엄마는 몇 번이나 내 손에서 수면제를 빼어 입에 털어 넣으려고 했다. 그러나 수전증 때문에 약을 입에 넣지도 못한 채 흘리기만 하셨다. 아빠는 알고 계셨다. 그러나 나를 울지 못하게 하시면서 엄마를 쓰다듬으며 나지막이 말씀하셨다.
　"희망을 잃지마. 내가 있잖아!"
　추석 바로 직전에 엄마는 약을 한 번 먹었는데 증세가 좋아졌다. 우리는 추석 음식을 병실에 차렸고 부모님의 오랜 친구, 가족들까지 한자리에 모이게 되었다. 서늘한 바람에

엄마와 민들레

부서질 것만 같은 부드러운 달빛으로 가득한 밤이었다. 엄마는 입가에 미소를 지으며 침대에 기대어 계셨다. 엄마는 식욕이 있는 것 같았지만 많이 먹지는 못한 채 민들레즙 한 잔을 마시겠다고만 했다. 사람들이 월병(중국의 추석명절 음식. 일종의 빵)을 자르며 엄마에게 소원을 빌라고 하자 엄마는 희미하게 웃으시며 이렇게 말했다.

"다음 설에는 제가 음식을 대접할게요."

그 날 우리는 마치 엄마가 건강해진 듯이 엄마 말에 다 같이 환호성을 질렀다.

그러나 엄마는 며칠 뒤에 민들레 홀씨처럼 영원히 우리 곁을 떠났다.

집 앞 베란다에는 여전히 민들레가 가득 널려 있었다. 조그마한 꽃과 이로 갉아먹은 듯한 잎사귀……

남동생은 처음 약을 구하러 갔을 때 이미 엄마가 가망이 없다는 걸 알았다고 했다. 그래서 아빠와 남동생은 한참을 울다가 돌아왔다고. 며칠의 시간들은 모두 민들레의 아름다운 꿈이었다고.

엄마도 의학을 공부하신 분이었지만 죽는 날까지 진심으로 민들레의 신화를 믿고 계셨다. 그건 아마도 엄마가 이 세상과 맞잡은 사랑의 손을 끝까지 놓치고 싶지 않으셨기 때문일 것이다.

꿈의 날개

어린시절 당신의 꿈은 무엇이었나요?
오랫동안 그 꿈을 잊고 살았다면
이제 다시 한 번 그것을 떠올려 보세요

미국 신시내티 시의 사무실 앞에 열 살 정도 되어 보이는 소년이 꼼짝 않고 서 있었다. 초겨울 바람은 매섭게 소년의 옷자락을 흔들고 있었다.

소년은 사무실 안에서 벌어지는 광경을 열심히 눈으로 좇고 있었다. 소년의 시선은 사무실 한 쪽에 놓여 있는 커다란 테이블, 그리고 그 테이블에 앉아 있는 한 사람에게서 떨어지지 않았다.

쉴새없이 걸려오는 전화, 책상 위에 수북이 쌓여 있는 원고뭉치, 바닥에서 높다랗게 쌓여있는 신문뭉치……. 사무실은 무질서하고 산만해 보였다. 그런데도 소년은 그곳에서 뭔지 모를 삶의 활기를 느꼈다.

그 때, 그 커다란 책상 앞에 앉아 있는 사람이 직원들을 자기 자리로 불렀다. 그러자 직원들이 우르르 그의 책상 주변으로 몰려가 수첩을 펼쳤다. 그리고 그가 하는 말을 열심히 받아 적었다. 그들은 각자 수첩을 챙겨 어딘가로 또 총총히 사라지는 것이었다.

소년의 눈에 그 테이블에 앉아 있는 사람은 높은 자리에

있는 것 같았다. 그는 또 타이프에 대고 무엇인가 급하게
쳐 내려가고 있었다. 그는 다른 직원들을 불러 지시하고,
전화를 받고, 또 다시 썼다.

마치 그가 없으면 그 사무실의 일은 전혀 이루어질 것
같지 않았다. 모든 일은 그에게서 시작되고, 그에게서 마
무리 되는 것 같았다.

소년은 그에게서 힘을 느꼈다. 힘! 한 조직을 이끌고 한
조직의 대장이 되어 일을 앞장서서 지휘하는 힘을 느꼈던
것이다.

'그래, 저것이 바로 힘이다, 힘! 나도 꼭 저런 힘을 가
진 사람이 되어야지!'

소년은 가슴에서 무엇인가 불끈 솟아오르고 있는 것을
느꼈다.

마침, 소년 앞에 어떤 경찰관이 한 명 지나가고 있었다.
소년은 기회를 놓칠세라 그에게 달려가서 물었다.

"아저씨, 저기 저 유리창으로 보이는 저 분은 어떤 일을
하시는 분인가요?"

경찰관의 시선은 소년의 손끝을 좇아갔다.

"음, 저 사람? 저 사람이 바로 여기 신시내티의 신문을
만드는 인쿼리지 편집장이란다."

"편집장요?"

소년의 목소리에 힘이 들어갔다.

"그래, 편집장이란다, 편집장. 알겠니? 꼬마야."

경찰관이 지나간 뒤에도 소년은 쉽게 그 자리를 떠나지 못
했다. 쌀쌀한 겨울바람이 소년의 손과 발, 뺨을 때려도 소년

은 무엇인가에 홀린 듯 오랫동안 그 자리에 서 있었다.

그리고 30년이라는 세월이 흘렀다. 30년 전의 그 소년은 그 신문사의 편집장을 거쳐 사장자리에 올라 있었다. 그는 유리창을 통해 자신을 뚫어질 정도로 깊게 바라보고 있는 어떤 소년에게 손을 흔들어 보였다. 어려서 자신의 모습이 떠올랐기 때문이다.

그의 이름은 바로 로저 파거, 그는 이제 미국에서 이름만 대면 다 알 수 있는 저명한 언론인이 돼 있었다.

30년 전 소년 파거가 본 것은 꿈과 미래였다. 자신을 성장시킬 꿈, 자신의 나래를 펼칠 수 있는 꿈!

파거는 30년 전 그 때 펼쳤던 날개를 달고 훨훨 자신의 영공을 날고 있었다.

꿈의 날개

거봐, 아줌마는 꼭 오실 거라 했잖아

내가 지미의 눈동자에서 발견한 것은 하나의 축복같았다
그건 순수한 기쁨이자 아름다움이었다

　　남편과 나는 가게 문을 닫고 사우스 콜드웰 거리의 집으로 갔다. 1949년 크리스마스 이브 11시였다. 우리는 너무나 피곤해 둘 다 녹초가 되어 있었다.

　　우리 가게는 크고 오래된 종합가전용품 및 일반잡화를 취급하는 곳으로 냉장고, 빵굽는 기계, 전축에서 자전거까지 그리고 장난감 인형 집과 놀이기구 등 모든 것을 팔았다. 이번 크리스마스에 우리 가게의 모든 장난감을 거의 다 팔았고, 예약된 할부 구입 상품도 전부 팔려 나갔다. 단 한 개만 빼놓고.

　　우리 부부는 대개 모든 예약상품을 저마다 주인이 다 찾아갈 때까지 가게 문을 닫지 않았다. 어린이용 선물 하나가 여전히 예약상품 진열대에 남아있는 것을 알면서도 크리스마스 아침에 즐거운 기분으로 잠을 깰 수는 없겠지만, 이 선물꾸러미에 1달러의 예약금을 걸어놓은 사람은 결코 다시 오지 않았다.

　　크리스마스 아침 일찍 나는 12살 난 아들 톰과 남편과 함께 트리 아래에서 선물을 풀었다. 하지만 이번 크리스마스가 어쩐지 너무 평범한 것 같았다. 톰은 이미 커 버려서, 바라는 게 그저 옷이나 오락기뿐이었다. 나는 아들이 아직 어린시절 천진난만하게 각양각색의 선물을 기다리던 모습이 그리워졌다.

아침식사가 끝나자 톰은 옆집 친구네로 놀러 갔다.

남편 허만이 중얼거렸다.

"잠이나 자야겠군. 도대체 할 일이라곤 없잖아."

그래서 결국 나는 혼자 남아 울적한 기분으로 설거지를 했다. 거의 아침 9시가 됐을까, 밖에는 눈과 뒤섞인 진눈깨비가 제법 세차게 내리고 있었다. 바람결에 창문이 덜걱거리는 소리를 들으며 문득 나는 아파트 안의 따스함에 정말 감사했다.

'오늘 같은 날 밖에 나가지 않아도 되니 얼마나 좋아.'

거실에 널린 포장지와 리본을 정돈하면서 혼자 속으로 생각했다.

그런데 바로 그 순간부터 일이 시작되었다. 난생 처음 겪는 일이었다. 이상하리만치 집요한 권유였다. 누군가가 내게 가게로 가라고 말하는 것 같았다.

얼음같이 차가운 바깥 거리를 내다봤다. 바보 같은 생각이라고 혼자 중얼거렸다. 그 권유를 떨쳐버리려 애썼지만 머릿속에서 떠나지를 않았다. 아니, 점점 더 강해져만 갔다.

나는 가게에 갈 생각이 전혀 없었다. 가게를 시작한 지 10년이나 됐지만 크리스마스에 가게문을 연 적은 한 번도 없었다. 우리뿐만 아니라 그 날은 아무도 가게를 열지 않았다. 가게에 가야 할 이유도 없고, 가고 싶지도 않았기에 나는 가지 않을 작정이었다.

거봐, 아줌마는 꼭 오실 거라 했잖아

1시간 동안 나는 그 묘한 느낌과 싸웠다. 마침내 나는 더 이상 견딜 수 없어 옷을 갈아 입었다.

"여보, 가게에 가봐야겠어요."

나는 바보같다고 생각하면서도 남편에게 말했다. 잠을 자던 허만이 깜짝 놀라 일어났다.

"무슨 일이요? 가게에 가서 뭘 하려고?"

나는 어색하게 대답했다.

"나도 모르겠어요. 여기선 별로 할 일도 없고, 그냥 한 번 둘러보려구요."

그가 내 말에 다소 이의를 제기하려 했지만 나는 곧 돌아오겠다고 말했다. 그는 투덜댔다.

"그렇다면 가봐요. 하지만 왜 가려는지 모르겠군."

나는 회색 모직코트를 입고 커다란 베레모를 눌러 쓴 다음 덧신을 신고 빨간 목도리와 장갑을 꼈다. 밖으로 나오니 이런 차림도 별 도움이 되지 못했다. 에일 듯한 바람이 정면으로 불어오고 진눈깨비가 양볼을 때렸다. 나는 미끄러지고 넘어지며 이스트 파크 117번지로 한 발 한 발 더듬어 내려갔다.

추위에 떨며 손이 얼지 않도록 주머니에 찔러 넣었다. 우스꽝스러운 생각이 들었다. 이런 혹독한 추위 속으로 내가 왜 나왔는지 알 수 없었다.

눈 앞에 바로 우리 가게가 보였다. 그런데 문이 닫힌 가게 앞에 두 소년이 서 있었다. 한 아이는 9살, 다른 아이는 6살쯤 돼 보였다. 원 세상에! 나는 의아한 생각이 들었다.

"아줌마가 왔어!"

큰 아이가 소리치며, 두 팔로 어린아이를 꼭 감쌌다.

"거봐, 내가 아줌마는 꼭 오실 거라고 했잖아."

그 아이는 의기양양하게 말했다.

그들은 흑인 아이들이었는데, 거의 반쯤 얼어붙은 상태였다. 나이 어린 소년은 눈물로 얼굴이 온통 젖어 있었지만, 나를 보더니 눈을 크게 뜨고 울음을 멈췄다.

"이 얼어붙을 듯이 차가운 눈보라 속에서 뭘 하고 있니?"

나는 애들을 나무라며 가게 안으로 데리고 들어가 난로에 불을 지폈다.

"오늘 같은 날은 집에 있어야지."

그 애들은 초라하기 짝이 없는 옷차림을 하고 있었다. 모자도 장갑도 끼지 않고, 가까스로 신발만 신고 있는 정도였다. 나는 그 애들의 작고 차가운 손을 잡고 비벼주며 난로 가까이로 데려갔다.

"우리는 아줌마를 기다리고 있었어요."

큰 아이가 대답했다.

그들은 내가 보통 가게 문을 여는 시간인, 아침 9시부터 문 밖에 서 있었다고 했다.

"왜 나를 기다리고 있었니?"

나는 놀라서 물었다.

"제 동생 지미가 크리스마스 선물을 못 받았거든요."

지미의 어깨를 만지며 큰 애가 말했다.

"스케이트를 사고 싶어요. 동생이 갖고 싶어하거든요.

거봐, 아줌마는 꼭 오실 거라 했잖아

23

우리에게 3달러나 있어요. 보세요, 아줌마.”

큰 애가 주머니에서 돈을 꺼내며 말했다.

나는 소년의 손 위에 놓여 있는 돈을 바라보았다. 그들의 기대에 찬 얼굴도 보았다. 그리고 나서 가게를 한번 둘러보았다.

“미안하구나. 이미 물건을 거의 다 팔았단다. 아마도 스케이트는 없을…….”

바로 그 순간, 예약상품 진열대에 외로이 남아 있는 선물꾸러미에 눈길이 닿았다.

“잠깐만 기다리거라.”

그리고 꾸러미를 가져다 포장을 풀어 봤다. 기적처럼 한 켤레의 스케이트가 그 안에 있었다!

지미가 스케이트를 집어들었다.

‘주님, 부디 지미의 발에 맞기를…….’

나는 속으로 기도했다. 그리고 기적에 기적이 더해져 스케이트는 지미의 발에 꼭 맞았다.

지미의 형이 지미의 오른발 스케이트 끈을 매 주고 발에 꼭 맞는 것을 본 뒤, 일어나더니 내게 돈을 주었다.

“아니야, 돈은 받지 않으마.”

나는 그 애의 돈을 받을 수 없었다.

“스케이트는 그냥 가져가고 대신 그 돈으로 장갑을 사렴.”

두 소년은 처음에 그저 눈만 껌뻑거리고 있었다. 그러다가 내가 스케이트를 그냥 주었다는 걸 깨닫고, 눈이 휘둥그레지면서 활짝 웃었다.

내가 지미의 눈동자에서 발견한 것은 일종의 축복같았다. 그건 순수한 기쁨이자 아름다움이었다. 내 마음도 감동으로 벅차올랐다.

소년들이 몸을 다 녹인 다음 난로를 끄고 함께 밖으로 나왔다. 가게 문을 잠그면서 큰 애에게 물었다.

"내가 가게에 온 게 얼마나 다행이니. 조금만 더 밖에서 있었더라면 너희들은 꽁꽁 얼어버렸을 거야. 그런데 너희들은 어떻게 내가 올 줄 알았지?"

소년은 뜻밖의 대답을 했다.

"나는 아줌마가 올 줄 알았어요. 예수님께 아줌마를 보내 달라고 기도했거든요."

등골을 타고 오싹한 전율이 흘러내렸다. 결코 추위 때문은 아니란 걸 물론 나는 알았다.

그 애들과 헤어진 뒤, 집을 나섰을 때보다 훨씬 더 상쾌한 크리스마스 기분으로 집에 왔고, 남편은 시아버지와 시누이 엘라가 오는 바람에 잠자리에서 일어났다. 우리는 멋진 저녁 식사를 하며 즐거운 시간을 보냈다.

거봐, 아줌마는 꼭 오실 거라 했잖아

할아버지와 함께 본 개기일식

우주에 대한 깊은 외경심과
나의 무한한 가능성을 깨우쳐 주신
할아버지를 절대 잊지 않을 것입니다

내가 여섯 살이던 해의 어느 날, 할아버지께서 그 날 오후에 일식이 일어날 것이라고 말씀하셨다.

"일식이 뭐죠?"

나는 눈을 반짝이며 물었다.

할아버지는 부엌으로 걸어가시더니 찬장 안에 있던 소금병과 후춧가루병을 가져와 탁자에 놓으셨다. 이어 할아버지는 당신의 오른손으로 주먹을 쥐고는 밝고 푸른 눈으로 나를 쳐다보셨다.

"조이야, 이 소금병을 달이라 생각하고, 이 후춧가루병을 지구라 생각하고, 내 주먹은 태양이라고 생각해 봐라."

할아버지는 소금병을 후춧가루병과 당신의 주먹 사이를 지나가게 하면서 달이 어떻게 해를 가려서 해의 아주 작은 부분만 보이게 하는지 보여 주셨다.

그 날 오후, 우리는 브롱크스의 우리 집 뒷마당에서 달이 태양을 가리는 장관을 구경했다. 주위에는 으스스한 땅거미가 깔리고 싸늘한 미풍이 불고 있었다. 나는 그 신비스러운 하늘의 쇼를 보고 깊은 감명을 받았다. 그러나 그 날 저녁 할아버지는 식사를 하시면서 잠시 생각에 잠기시더니 우리가 집에서 부분일식만 본 것이 잘못이었다고 말씀하셨다.

"메인 주엘 갔어야 하는 건데, 우리가 거기에 갔으면 개기일식을 볼 수 있었을 거야."

할아버지는 이어 1925년 1월 어느 쌀쌀한 날 아침 10대 소년이었던 당신이 맨해튼 북동부에서 개기일식을 보았던 일을 회상하셨다.

"그건 일찍이 내가 본 가장 멋진 광경이었지. 언젠가 다시 한 번 볼 수 있었으면 좋겠다."

할아버지는 미국에서는 다음 번 개기일식이 7년 뒤인 1970년 3월에 플로리다 주에서 일어날 것이라며 나에게 말씀하셨다.

"날짜를 꼭 적어 두거라. 내가 함께 갈 테니. 이건 내 약속이다."

그로부터 2년 뒤 우리 부모님은 서로 헤어졌다. 그래서 나는 어머니와 갓난아기인 누이동생과 함께 할아버지와 할머니 댁으로 이사했다. 내가 자랄 때 할아버지는 언제나 내 곁에 있으면서 아버지 역할을 대신해 주셨다.

할아버지와 나는 뉴욕 시 헤이든 천문대를 여러 번 방문했다. 할아버지는 내가 천문학에 관심을 갖도록 하기 위해 망원경도 사 주셨다.

"저 하늘에는 감히 상상조차 할 수 없을 정도로 놀라운 우주가 있단다. 나는 네가 그걸 꼭 보기 바란다."

우리는 자주 뒷마당에서 밤하늘의 별들을 관찰하곤 했다.

우리 할아버지는 나름대로 꿈을 가지고 있었다. 그분은 여섯 살 때 이탈리아 나폴리에서 미국으로 이민오셨다. 미국에서 약간의 대학 강의를 들으신 뒤 건축설계사로 일하면서 전문적인 건축가가 되기 위해 밤에는 학교를 다녔다. 그러나 대공황이 시작되자 모든 건축공사가 중단되었으며, 할아버지도 직장을 잃고 말았다.

할아버지는 택시 운전사가 되었고, 나중에는 버스 운전사로 일했다. 그러나 할아버지는 건축가가 되겠다는 꿈을 버릴 수가 없었다. 가끔 저녁식사가 끝나면 할아버지는 제도판과 제도기구 그리고 청사진을 식탁 위에 올려놓고 설계를 하시곤 했다. 언젠가 한번 내가 할아버지에게 말했다.

"난 할아버지가 버스 운전사인 줄 알았는데요."

할아버지는 웃으며 이렇게 대답하셨다.

"낮에만 그렇지. 밤에는 건축설계사란다."

마침내 할아버지와 내가 개기일식을 함께 보러 가기로 약속한 1970년이 되었다. 그러나 그 해 초 몇 주일 동안 할아버지는 목이 쉬기 시작했다. 병원에 가 보니 후두암이라는 것이었다. 할아버지는 후두를 잘라내야 한다는 진단을 받으셨다.

할아버지는 1970년 3월 6일 개기일식이 일어나기 바로 전날 수술을 받으셨다. 다음 날 뉴욕 시에서는 또다시 부분일식만을 볼 수 있었다.

내가 할아버지를 뵈러 병원으로 찾아가자 할아버지는 필기용 판에다 이렇게 쓰셨다.

"너 일식 봤니?"

나는 고개를 끄덕였다.

"다음 일식은 언제 있니?"

1972년 7월 캐나다 매리타임스 상공이라고 나는 즉시 대답했다.

"우리 같이 가 보자!"

할아버지는 석판에 이렇게 쓰시고 빙그레 웃으셨다.

할아버지는 수술 후 곧 회복되어 횡격막을 통해 공기를 끌어올려 트림 하듯 말을 하는 식도어(食道語)를 빨리 익히셨다. 우리는 곧 뒷마당에 나가 또다시 별들을 관찰하기 시작했다.

1972년의 일식이 다가옴에 따라 나는 흥분을 억제할 수 없었다. 그 해 봄 할아버지는 나에게 뉴욕 시 전체를 대상으로 하는 과학박람회에 작품을 내 보라고 하셨다. 나의 작품은 '7월 10일 태양이 깜깜해질 순간'이었는데, 브롱크스에서 일등상을 받았다. 할아버지는 그 상패를 응접실 벽에 걸어놓으시고 집에 찾아오는 사람마다 붙들고 자랑을 하셨다.

일식을 구경할 장소로 우리는 가스페 반도 북단의 퀘벡 주 캐프채트라는 소도시를 택했다. 그 곳에 가기 위해 할아버지는 당신의 고물차인 플리머스 퓨리를 몰고 1,400킬로미터 이상을 달려가기로 했다. 우리 어머니, 누이동생, 그리고 우리가 '내니'라고 부르는 할머니도 같이 가기로 했다.

"잠깐 동안 깜깜해지는 것을 보기 위해 이렇게 먼 길을 가는 사람이 어디 있어?"

우리가 북쪽을 향해 달려갈 때 할머니는 계속 이렇게 중얼거렸다. 우리는 몬트리올과 퀘벡 시에서 각각 하룻밤을 잤고, 7월 10일 이른 아침에 개기일식이 일어나는 곳으로 떠나기로 했다.

그 날 해가 뜬 직후 모두들 자동차에 올라탔을 때 할아버지가 하늘을 올려다보며 말씀하셨다.

"날씨가 좋지 않을 것 같은데."

그러나 막상 출발하고 나니 우리는 구름 밑에서 벗어나 있었다. 세인트로렌스 강을 따라 이상하게 생긴 도시들을 지나 갔지만 사람들은 별로 눈에 띄지 않았다. 그러자 할머니가 킬킬 웃으며 물으셨다.

"오늘이 개기일식이 일어나는 날이 확실해요?"

하지만 앞으로 나아갈수록 망원경을 가진 사람들의 수가 늘어나기 시작했다. 소도시 캐프채트는 수천 명의 방문객들이 북적대고 있었다. 우리는 망원경을 그 도시 외곽의 풀이 우거진 공지에 설치해놓고 하늘에서 쇼가 벌어지기를 기다렸다. 그것은 마치 산부인과 병동 대합실에서 아기가 태어나기를 초조하게 기다리는 것 같았다.

우리는 퀘벡 시에서 우리를 쫓아왔던 뭉게구름이 하늘을 뒤덮기 전에 개기일식이 일어나기만을 바라고 있었다.

마침내 일식이 시작됐다. 우리는 망원경으로 태양의 모습을 하얀 스크린에 투영시킴으로써 달의 그림자가 검은 조개껍질 모양의 태양 아래쪽 가장자리에 나타나는 것을 지켜보았다. 이윽고 자꾸 흐려지던 햇빛이 죽음과 같은 고요 속에서 완전히 사라져 버렸다.

시간당 4,160킬로미터의 속도로 움직이는 거대한 어둠의 벽이 재빨리 우리를 감쌌다. 태양은 완전히 사라졌다. 조금 전까지도 군함색 같은 회색이었던 뭉게구름들이 연어살색과 샛노란색으로 변해 있었다. 코로나만이 진주빛의 광채를 내며 우아한 모습으로 그 모든 것들을 내려다보고 있었다.

공지 주위는 침묵에 휩싸였다. 할아버지만이 계속 이렇게 되뇌었다.

"1925년과 똑같군."

일식이 반쯤 진행됐을 때 할머니가 소리쳤다.

"오, 저것 좀 봐요! 정말 아름답군요!"

2분 동안의 개기일식은 순식간에 지나가 버렸다. 갑자기 적지만 강렬한 햇빛이 나타나 너무 눈이 부셔 쳐다볼 수 없는 '다이아몬드 반지'를 형성한 다음 모든 것은 끝나고 말았다.

태양이 다시 나오자 사람들은 환성을 질렀다. 그러나 태양은 곧 뭉게구름에 삼켜졌다. 우리는 재수가 좋았다. 몇 킬로미터만 늦었더라도 구름에 가려 일식을 못 볼 뻔했기 때문이었다.

그 날 저녁 늦게 잠자리에 들기 전에 나는 한참 동안 할아버지를 꼭 껴안았다. 오랜 시간 운전을 해 지쳤음에도 할아버지는 미소를 지어 보이셨다.

"아마 넌 오늘을 평생 잊지 못할거다."

할아버지 말씀은 옳았다. 나는 그 신비로운 날을 결코 잊지 못할 것이다. 또 나에게 우주에 대한 깊은 외경심과 나 자신이 지닌 가능성을 깨우쳐 주신 할아버지를 절대로 잊지 않을 것이다.

나는 지금 헤이든 천문대의 전문위원 겸 텔레비전 기상 캐스터로 일하고 있다. 아내 르네이트와는 여섯 살짜리 조지프와 네 살짜리 마리아를 두고 있다. 나는 가끔 아이들이 롱아일랜드의 우리 집 뒷마당에서 하늘을 탐사할 수 있도록 망원경을 설치해 놓곤 했다.

어느 날 나는 저녁식사를 하기 전에 아이들에게 증조할아버지께서 나에게 처음으로 일식을 보여 주셨던 얘기를 해 주었다.

"일식이 뭐죠?"

두 아이가 일제히 물었다.

나는 부엌으로 가서 찬장 안에 있던 소금병과 후춧가루병을 가져와 탁자에 놓았다. 이어 나는 오른손으로 주먹을 쥐고 말했다.

"이 소금병을 달이라 생각하고, 이 후춧가루병을 지구라 생각하고, 내 주먹은 태양이라 생각해 봐라."

이듬해 2월 26일에 카리브해 지역에서 개기일식이 일어나리라는 것을 알고 있던 나는 아이들에게 말했다.

"날짜를 적어 두거라. 꼭 함께 갈 테니. 이건 내 약속이다."

따끈한 카페오레로 손바닥을 데워라

한 스푼의 벌꿀을 소중히 먹어라. 주문을 외우듯이 딱한 스푼만 소중히 혀로 맛봐라. 새로운 1년을 시작하는 행복의 첫 숟가락이다.

다이어리에 새로운 꿈을 적어 두어라. 한밤중에 본 꿈도. 한낮에 본 꿈도. 눈 뜨고 있을 때 본 꿈도.

해돋이 시간을 알아내서 아직 어두울 때 근처의 하늘이 잘 보이는 탁 트인 장소로 가라. 갓 태어난 겨울의 아침 해를 보러 가라.

새 비누의 포장을 뜯어라. 냄새를 맡아 보고, 비누에 새겨진 로고를 손끝으로 만져 봐라.

냄비에 쌀을 넣고 죽을 끓여라. 냄비 안에서 춤추는 쌀알들. 냄비 가장자리에서 보글보글 끓는 거품들. 단팥 알갱이의 붉은 빛깔이 죽 속으로 스르르 잠기는 모습을 바라보라.

긴 코트를 입고 빙그르르 돌아라. 옷자락이 펄럭이도록. 그리고 생긋 웃어라.

길가에서 만난 고양이에게 말을 걸어 봐라. 야옹야옹 하고 고양이 말을 써서.

자전거 페달을 밟으면서 얼어붙은 밤하늘을 올려다보자. 하늘을 향해 울부짖는 개처럼.

아침에 동쪽 창의 커튼을 단숨에 힘껏 열어 젖혀라. 촤악 하고 기분 좋은 소리를 내면서. 햇살을 몸 전체로 먹는 것처럼 듬뿍 받아라. 마치 아침밥이라도 먹듯이.

사랑하는 이에게 그동안 차마 못했던 말로 고백을 해 봐라. 도중에 용기를 잃어버리지 않도록 부적 대신 반짝이는 브로치를 하나 골라서 가슴에 달고 가라.

마음에 드는 스푼들을 햇살이 가득한 테이블 위에 순서대로 늘어놓아 보아라. 그 중 가장 좋아하는 스푼으로 아랫목에서 아이스크림을 떠먹어라.

추운 공원에서 따뜻한 코코아를 마셔라. 후후 불어서 따끈한 김이 어디로 가는지 보아라. 김의 흰 빛깔과 흐린 하늘빛을 비교해 봐라. 어느 쪽이 더 흰가? 어느 쪽이 더 부드러운가? 따끈한 카페오레로 손바닥을 데워라. 양손으로 컵을 감싸서.

베개 담요 요 이불 몽실몽실한 침구들을 잘 정리한 뒤 "다녀오겠습니다" 하고 인사한 뒤 외출한다.

구름을 만지는 걸 상상해라. 구름을 먹는 걸 상상해라. 팔이 쭉 늘어났다고 생각하고 혹시 입 안 가득 넣은 구름과자에서 아무 맛도 나지 않는다면, 어떤 시럽을 뿌려 먹을지 생각해 봐라.

오랫동안 망설여 왔던 일을 결정해라. 자기 내부의 깊숙한 곳에서 들려오는 목소리에 용감하게 따라라.

새장의 새가 왜 우는지 나는 알지요
나를 꺾을 수 있는 것은 나 자신밖에 없습니다
나를 세울 수 있는 것도 나 자신밖에 없습니다

　우리는 그녀를 미국의 TV미니시리즈, 〈뿌리〉에서 나왔던 쿤타 킨테 할머니로 기억하고 있다. 그녀는 감동적인 연기로 에미상을 수상했으며, 미국을 대표하는 배우이며 시인으로 손꼽히고 있다. 그녀의 이름은 마야 앙겔루.

　그녀는 50개가 넘는 명예박사학위를 받았으며, 배우, 교사, 희곡작가, 프로듀서, 작가인 동시에 시민사회운동가이기도 하다.

　그녀는 샌프란시스코에서 전차 운전을 하기도 했고, 사창가 마담과 나이트클럽 가수 등 화려한 직업을 거쳐 오늘날의 자리에까지 오르게 되었다.

　그녀는 어느 날 《새장의 새가 왜 우는지 나는 알지요》라는 책을 세상에 발표했다. 그 책은 공전의 히트를 치며, 그녀를 흑인 여성 최초의 세계적인 베스트셀러 작가로 만들어 놓았다.

　앙겔루는 또한 명강연으로도 유명하다. 《영혼을 위한 닭고기 수프》의 저자 잭 캔필드는 그녀의 강연을 다음과 같이 얘기했다.

"마야 앙겔루의 강연이 끝난 뒤, 우리는 모두 그녀와 사랑에 빠졌고, 또한 거기 있던 모든 사람과 사랑에 빠지게 되었다. 나는 말이라는 것이 저렇게도 사용될 수 있구나, 저렇게 절묘하게 표현해낼 수도 있구나 라는 생각이 들었다……. 나는 그 날 밤 집에 돌아와서 삶에 대한 감동을 노래하는 시를 한 편 썼다."

마야 앙겔루는 어린시절, 벙어리처럼 말을 하지 않았다. 그녀를 처음 보는 사람들은 모두 그녀를 벙어리라고 생각했다. 하지만, 그녀가 처음부터 그랬던 것은 아니다.
그녀가 일곱 살 때 일이다. 그녀는 어머니의 애인으로부터 강간당하는 수모를 겪어야만 했다. 그녀는 가족들에게 강간범이 누구였는지 말했다. 그리고 며칠 뒤, 이번에는 그녀가 이겨내기에 더 큰 시련이 찾아온다.
그 강간범이 바로 시체로 발견된 것이다. 앙겔루는 믿을 수 없다는 듯이 고개를 저었다.
'나 때문에 그 사람이 죽었어. 내 목소리가 그 사람을 죽인 거야.'
어린 앙겔루는 자신이 강간당한 사실을 사람들에게 말했기 때문에 그가 죽었다고 생각했다.
'내가 입을 열면 또 누가 죽을지도 몰라.'
그 뒤부터 그녀는 자기의 목소리를 꽁꽁 싸매고 입을 열지 않았다. 그녀는 5년 동안이나 혼자 방안에 갇혀서 자신의 목소리를 저주하며 공포에 떨었다.
그녀는 혼자 갇혀 지내는 동안 시를 가까이 했다. 그녀의 상처와 아픔을 유일하게 달래주는 것은 바로 시였다. 시는 온갖 것의 아름다운 소리를 담아내고 있었다.

그러던 어느 날, 누군가가 그녀에게 이런 말로 속삭였다.

"애야, 네가 진정으로 시를 좋아한다면 아름다운 너의 목소리를 내어 시를 암송할 줄 알아야 한단다."

어린 앙겔루는 그 말을 듣고 오랫동안 생각했다.

'그래, 더 이상 이렇게 숨어 지내지 말고 내 아픔과 상처를 시로 승화시키자.'

그녀는 자신의 목소리가 어디선가 자기처럼 고통 받는 사람들에게 희망을 선물할지도 모른다고 생각했다.

그녀는 1993년 1월 2일 세상을 향해 자작시 '아침의 맥박(On the pulse of Morning)'을 낭송했다. 클린턴 대통령의 취임식에서였다. 지구촌 사람들 모두 그녀에게 뜨거운 박수갈채를 보냈다. 그녀의 눈은 다시 한 번 희망으로 반짝이고 있었다.

하나님이 보내주신 선물

어두운 숲속을 통과하다가
문득 하늘을 올려다 본 적이 있나요
은빛 별들이 총총히 박혀 있습니다

4년 전 일입니다. 너무 덥지도 춥지도 않던 그 날, 나는 목적지에 도착했습니다. 나는 케네디 대통령이 암살당했던 날만큼이나, 우주선 챌린저호가 발사 직후 폭발하던 날만큼이나 그 날을 생생하게 기억합니다.

나는 잠시 머뭇거리다가 내가 그 주일에 녹음해 놓은 특별한 노래 여덟 곡을 틀었습니다. 그러면서 건물에 들어가기 전에 마음을 추스렸습니다.

나는 조그마한 상자 하나를 가지러 온 것입니다. 내가 무엇을 기대했는지 모르지만, 그들이 그것을 나에게 건네줄 때 나는 상자가 참 작다고 생각했습니다. 사무원이 어떤 종이를 내밀며 말했습니다. "여기 서명해 주시겠습니까?" 그리고는 영수증과 주의할 사항을 건네주었습니다.

나는 그 상자를 아내가 볼 수 없게 트렁크에 실었습니다. 트렁크 안에는 미리 준비해 놓은 마른 꽃다발도 있었습니다. 캘리포니아의 어부인 매형이 꽃을 잊지 말라고 여러 번 상기시켜 주었던 것입니다.

다음 날은 너무나 빨리 왔습니다. 매형은 오전 5시경에 자기 보트로 오라고 했습니다. 거기에서 두 시간 더 가야 하기 때문입니다. 우리가 부두에 도착했을 때 아직 날이 밝지 않았습니다. 거기에는 아버지와 내 친구가 있었습니다. 내가 초대한 사람들이지요. 아내는 가고 싶어하지 않았습니다. 다른 아이들과 함께 집에 있겠다고 했습니다.

태양이 동쪽에서 떠오를 무렵 우리는 배에 올라탔습니다. 시동이 걸리기 시작했습니다. 나는 상자와 마른 꽃을 아버지께 건네 드렸습니다. 그리고 갑판 위로 올라갔습니다.

우리는 반도 끝자락에 있는 언덕 위의 등대를 향해 서서히 나아갔습니다. 나는 일을 잘 해낼 수 있게 해달라고 기도했습니다. 등대에 도착하자, 매형은 배를 서쪽으로 향하게 했습니다. 이제 우리 일을 할 때가 되었습니다. 우리는 그 일을 위해 새벽부터 태평양을 향해 달려온 것입니다. 매형은 시동을 끄고 보트를 돌렸습니다.

나는 갑판에서 내려왔습니다. 배를 타고 가는 내내 아버지는 상자를 들고 계셨고, 친구는 꽃을 들고 있었습니다. 상자에는 '데릭' 이라는 이름이 씌어 있었습니다. 나는 상자를 건네받아 포장을 풀고 안을 들여다보았습니다. 거기에는 일주일 전에 우리 집 풀장에서 빠져 죽은 두살 된 내 아들의 유해가 들어 있었습니다.

나는 배 뒤편으로 가 아버지께 기도해 달라고 부탁했습니다. 내 친구는 움직이지 않는 물 위에 꽃을 뿌렸습니다. 아버지가 기도를 마치자, 나는 상자 안에 담겨 있는 가루를 천천히 조금씩 바다에 뿌렸습니다. 그것은 깔때기 모양으로 천천히 바다속으로 빠져들어 갔습니다. 그 때 아주

고요하고 잔잔하던 바닷물 위로 열두 마리의 돌고래가 떠올랐습니다. 마치 쑈를 하는 듯했습니다. 그리고 하늘을 보니 열 마리의 펠리컨이 사열을 위해 저공 비행을 하는 전투기들처럼 반짝반짝 빛나는 바다 위로 스쳐갔습니다.

나는 지난 일주일 내내 이 비극적인 행사가 아들을 위한 잔치가 되게 해달라고 기도했습니다. 그런데 하나님이 아름다운 창조물을 통해 그 소원을 들어주신 겁니다.

2년이 지났는데도 우리는 여전히 아들을 잃은 상처를 안고 살아가고 있었습니다. 아직도 그 두 살짜리 아이가 우리 가정에 가져다 주던 기쁨을 갈망하고 있었습니다. 아내는 우리가 다시 사랑할 수 있는 아이를 보내 주십사고 하나님께 기도했습니다.

어느 날 나는 교회 마당에서 어떤 아이가 장난감을 가지고 노는 모습을 보았습니다. 처음 보는 아이었는데, 두 살 정도 된 것 같더군요. 나중에 알고 보니, 아이의 엄마는 젊은 여성으로 남편이 떠나간 뒤 아이를 어떻게 키워야 할지 막막해하고 있다는 것이었습니다. 그래서 그 아이는 삼촌과 함께 살고 있는데, 그들에게도 여섯 달 된 아들이 있어서 그 아이를 엄마에게 돌려보낼 생각을 하고 있다는 것이었습니다. 그러나 그 엄마도 어찌할 도리가 없기 때문에 과테말라에 살고 있는 외할아버지에게 보낼 게 뻔하다는 것입니다. 그런데 과테말라는 그 무렵 심한 소요 중에 있었습니다.

나는 이 아이가 그런 혼돈속에서 살아가도록 보내져야한

다는 생각에 견딜 수가 없었습니다. 내가 뭔가를 해야 할 것 같았습니다. 그래서 그 아이의 삼촌에게 아이 엄마에게 연락할 수 있는 방법을 알려달라고 부탁했습니다.

아이의 엄마가 전화를 했고, 우리는 한참 동안 대화를 나누었습니다. 나는 우리 집에 식구가 한 사람 더 늘 것을 생각하니 은근히 긴장이 되고 마음이 설레었습니다.

어느 멋진 토요일 저녁, 에릭은 우리에게 왔습니다. 우리 아들이 된 것입니다. 마침내 우리가 2년 동안 드린 기도가 이루어진 것입니다.

나는 에릭을 우리 아들 대신이라고 생각하지는 않습니다. 에릭은 엄연히 독립된 개체입니다. 우리는 데릭을 보내고 난 뒤 멍한 상태에서 살고 있었습니다. 내가 즐기던 일, 친구, 스포츠, 심지어 가족 등 모든 것이 빛을 잃었습니다. 나는 살아가면서 공허함 외에는 아무것도 느낄 수가 없었습니다. 정말 힘이 들었지요. 아내도 마찬가지인 것 같았습니다. 하지만 에릭의 재롱을 보면 공허한 느낌과 멍한 느낌이 많이 사라집니다. 그리고 오랫동안 잃었던 웃음도 되찾습니다.

문득 불안감이나 슬픔이 밀려올 때, 나는 하나님이 보내주신 이 새로운 선물을 껴안습니다. 그렇게 하면 차분한 느낌이 따뜻한 물처럼 나를 회복시켜 줍니다.

하나님이 보내주신 선물

삶을 물려주고 간 빌 아저씨

양초는 남을 밝게 해 주려
스스로를 불태웁니다

지난 1978년 7월 2일 정오, 길이 12m의 배 한 척이 샌디에이고의 북적대는 항구에서 빠져 나왔다. 마라 호 위에는 대학생인 18살의 데이비드 루커스와 38살 된 그의 아저씨 빌 퀸랜이 타고 있었다. 데이비드는 샌디에이고 시의 고층 건물들이 멀어져 가는 것을 들뜬 기분으로 바라보고 있었지만, 빌은 분명히 불안을 느끼고 있었다.

몇 년을 두고, 빌 퀸랜은 에콰도르에서 서쪽으로 약 1,000km 떨어진 갈라파고스 군도로 떠나는 항해를 꿈꿔 왔다.

캘리포니아 주 아케이터에서 가구 판매원으로 있는 그는 여가를 이용해서 선원으로서 갖추어야 할 일들과 항해에 관해 혼자 공부하였고, 또 친구의 배인 마인 호를 타고 뱃사람으로서의 기술을 익혀 왔다. 일단 5,000km의 계획을 세웠을 때, 빌은 마라 호를 세 낸 뒤, 조카 데이비드에게 같이 가고 싶으면 함께 가자고 권했다. 데이비드는 배를 타 본 경험이라곤 없었다.

이리하여 태평양의 물결이 눈부시게 반짝이는 이 날 오후, 빌은 마침내 그의 꿈을 실현시킬 항해에 나서게 된 것이다. 그러나 출항에 앞서 데이비드의 여권 발급이 늦어지는 바람에 귀중한 몇 주일이 헛되이 흘러가고 말았다. 태풍철이 다가오고 있었으므로, 이미 이렇게 늦어진 이상 그들은 에콰도르까지 항해한 뒤 마라 호를 그 곳에 놓아 두고 비행기편으로 귀국했다가 이듬해 다시 돌아가서 배를 캘리포니아로 몰고 오는 것이 좋을 것으로 생각했다.

빌은 그 밖에도 두 가지의 심각한 위험을 놓고 저울질을 해야만 했다. 그가 잘 알려진 뱃길을 따라 항해할 경우 마라 호는 야간에 작은 배를 미처 알아보지 못하는 큰 배에 깔려버릴 위험이 있었다. 그러나 한편 혼잡한 뱃길을 피해 해안에서 수백 km 떨어져서 항해할 경우, 긴급한 일이 벌어졌을 때 구조를 받기가 어려울 것이었다. 빌은 혼잡한 뱃길을 피해 가는 항로를 택했다. 그것이 뒤에 재난을 일으킨 결정적인 원인이었다.

빌과 데이비드는 얼마 후 줄곧 흐리고 안개가 짙은 날씨 속에 항해하게 되었다. 7월 12일 오후에는 가벼운 비가 내려 날씨가 궂을 경우를 위해 준비한 장비와 비옷을 꺼내야만 했다.

이 날 초저녁, 억수 같은 비가 퍼부었고, 또 바람과 파도가 일었다. 밤 10시가 되었을 때, 두 사람은 필사적으로 마라 호에 매달려 있었다. 열대성 태풍 피코 호가 맹렬한 기세로 덮쳤던 것이다.

"나는 바닥에 납작 엎드려 있었지요. 그러나 그런 식으로 버티기만 하는 데에도, 힘이 다 빠져 버렸어요. 높이 15m의 돛대를 쳐다보았더니, 그 높이의 두 배나 되는 파도가 바로 우리 머리 위로 치솟는 것이 보였어요. 우리는 둘

다 너무나도 기진맥진한 나머지 무서운 생각조차 들지 않았던 것 같아요."

동트기 직전에 어마어마한 파도가 그들을 후려쳐 옆으로 집어던졌고 또 한차례 파도가 마라 호를 강타해 뒤집어놓고 말았다.

"정신을 차리고 보니, 내가 물속에서 허우적거리고 있었어요. 아직 물이 차지 않은 조타실의 공간으로 떠올라 갔을 때, 나는 빌 아저씨가 파도 속에 휩쓸려가 버린 줄 알았어요. 근데 바로 그 때 '어서 밖으로 빠져나가자!'고 외치는 아저씨의 말이 들려왔어요. 앞뒤 생각할 것 없이, 나는 깊숙이 자맥질하여 배 밖으로 헤엄쳐 나갔습니다."

그는 가까스로 배의 용골 위로 기어오를 수 있었고, 구명용 로프로 자기의 몸을 그곳에 매어 놓았다.

그러자 놀랍게도 순식간에 바다는 잠잠해졌다.

"우린 지금 태풍의 눈 속에 들어온 거야."

마라 호의 고물 쪽에 있던 빌이 소리쳤다.

"될 수 있는 대로 빨리 구명대를 꺼내오는 게 좋겠다."

빌은 조종실로 잠수해 들어가더니, 이윽고 구명대 꾸러미를 가지고 돌아와서 끈을 풀었다. 밝은 오랜지색 구명대가 뜨자 두 사람의 입에서는 지친 중에도 반가운 탄성이 터져 나왔다. 거울처럼 맑은 바닷물 속에서 상어의 지느러미가 그들 주변을 맴돌기 시작하자, 두 사람은 둥그런 구명대 위로 기어올랐다. 구명대의 지름은 겨우 1.5m 정도였지만, 항해에 알맞게 설계된 텐트 모양의 지붕이 달려 있었다.

태풍의 눈은 다가올 때와 마찬가지로 재빨리 지나가 버렸다. 바람이 다시금 세차게 불어 대고, 파도가 더욱 높이 치솟아 오르면서 가랑잎처럼 구명대를 뒤흔들어 놓자 바닷물이 쏟아져 들어와 그들을 물에 잠기게 할 듯이 위협했다. 구명대를 배에 연결시켜 놓은 밧줄이 끊어져 버렸고, 뒤집어진 마라 호의 모습은 순식간에 볼 수 없게 되었다.

7월 14일 오후 늦게야 바다는 출렁이며 가라앉기 시작했고, 녹초가 되어 기진맥진한 두 사람은 정신을 잃은 채 물 위에 둥둥 떠서 정처 없이 흘러가고 있었다.

15일은 추위와 뿌연 어둠 속에 날이 샜지만, 위험한 고비는 넘겼다. 그들의 수중에는 이제 겨우 300cc짜리 식수 깡통 다섯 개와 두 개의 비상 식품 깡통이 남아 있을 뿐이었다. 빌은 어떻게 해서든 배에 줄을 매어두고 보급품을 건져 내지 못했다는 것 때문에 자기 자신에게 바보라고 욕지거리를 퍼부었다. 그러다가 난처한 표정을 지으며 그는 식수 깡통을 들어 올렸다. 깡통에는 따개가 달려 있지 않았다. 그들은 둘 다 칼을 간수해 두지 못했다. 구명대에는 끝이 둥글고 조그만, 비상용 칼이 하나 있을 뿐이었다. 그날 오후, 그들은 그 무딘 칼로 톱질을 하다시피 하여 마침내 깡통 하나에 구멍을 낼 수 있었고, 사흘 만에 처음으로 목을 축이게 되었다.

"우리는 8월 4일에나 갈라파고스에 도착할 예정이었지요. 그러니 우리가 실종되었다는 사실이 알려지려면, 적어도 3주일은 더 있어야 한다는 것을 나는 알고 있었어요. 하지만 나는 우리가 태풍을 견뎌냈다는 사실이 너무나도 대견해서, 그런 일까지 걱정할 겨를이 없었습니다."

빌은 조류와 바람이 그들을 태평양 한가운데로 더 깊숙이 실어가게 되리라는 것을 틀림없이 알고 있었지만, 그 사실을 데이비드에게 숨기고 있었다. 그러나 구명대의 바람이 서서히 빠지고 있다는 사실은 숨길 도리가 없었다. 머리 위의 차양은 바람이 빠져 일부가 쭈그러들었고, 또 아무리 부지런히 퍼내도 구명대 안에는 여전히 물이 넘쳐 들었다.

7월 16일 아침, 드디어 해가 떠올랐다. 나흘 만에 처음으로 보는 태양이었다. 그들은 마침내 옷을 말리고 몸을 녹일 수가 있었다. 그러나 정오 무렵, 머리 위의 차양이 너무 찌부러져서 두 사람은 더이상 그늘에 있을 수 없게 되었다. 이내 그들은 심한 화상을 입게 되었다. 설상가상으로 더위는 갈증을 더욱 심하게 했다.

"이글거리는 태양과 조금도 움직이지 않는 바다의 머리 속이 텅 빈듯한 권태 속에서 빌 아저씨는 거의 울상을 하고 있었습니다. 우리는 너무나도 막막하고 속수무책이었으니까요. 아저씨가 그런 결심을 한 것은 이 때였던 것 같아요."

빌은 자기의 잘못에 대해 큰 소리로 자신을 나무라기 시작했다. 태풍철을 눈앞에 두고서 목숨을 거는 모험항해를 시도하지 말았어야 했다고 자책했다. 그렇다 치더라도, 연안 항로를 택했더라면 밤에 충돌할 위험은 있었지만 보다 유리한 결과를 가져다 주었을 것이라고도 했다.

그 날 밤, 긴 침묵 끝에 빌이 느닷없이 물었다.

"너, 신을 믿니?"

"네, 믿는다고 해야겠지요."

데이비드가 대답했다.

"그러나 지금은 아무도 우리를 지켜보고 있지 않는 것 같아."

빌은 재빨리 말을 이었다.

"우리가 살아남기 위해서는, 우리 자신이 우리를 살리는 수밖에 없어."

"하지만 무슨 일을 어떻게 하겠어요?"

데이비드가 물었다.

"너는 아무 일도 할 수 없어. 하지만 나는 바다에 들어가서, 보이지 않게 될 때까지 헤엄쳐 나갈 수 있거든."

빌은 발치에 놓여 있는 두 개의 남은 식수 깡통을 툭 찼다.

"네가 마음만 먹는다면, 이것을 아껴서 엿새 정도는 마실 수 있겠지. 먹을 물이 떨어진 뒤에도 사나흘쯤은 버틸 수 있을 거야."

데이비드는 덜컥 겁이 났다. 그는 빌 아저씨가 허튼 말을 하지 않고, 항상 말과 행동이 일치하는 책임질 줄 아는 사나이임을 알고 있었다.

"우리가 죽을 수밖에 없다면, 우린 같이 죽어야 해요."

데이비드는 고집했다.

이야기하는 것조차 고통스러웠지만, 둘은 밤새 옥신각신 했다.

"제가 이 곳에서 살아나간다 한들, 그게 무슨 소용이 있단 말이에요?"

데이비드는 화가 나서 외쳤다.

"앞으로 평생을 두고 아저씨가 나를 위해서 스스로 죽음을 택했다는 사실을 기억해야만 할 거예요."

"너는 굳센 아이야. 그것을 극복할 수 있어."

빌이 대답했다.

빌의 아내와 두 어린 아이들은 어떻게 한단 말인가? 빌은 그들에 대해서 걱정하지 않는단 말인가?

"데이비드, 우리는 지금 이 곳에서 이러지도 저러지도 못하는 궁지에 빠져 있는 거야."

빌이 대답했다.

"나는 가족을 위해서 어떻게 손을 쓸 수가 없어. 지금이 세상에서 내가 할 수 있는 유일한 좋은 일은, 너를 며칠간 더 살게 하는 것뿐이야."

빌은 조카에게 구명대의 바람이 매일 조금씩 줄어들고 있다는 사실을 일깨워 주었다. 구명대가 두 사람의 무게를 얼마나 더 오래 감당할 수 있을 것인지 누가 장담하겠는가?

7월 17일이 밝아 왔고, 빌은 이제 더 이상 입을 열지 않았다. 그는 빈 식수 깡통 위에 아내와 아이들에게 보내는 사랑에 찬 작별 인사를 새기느라고 아침 한나절을 보냈다. 정오 무렵, 그는 자기의 결혼 반지를 데이비드에게 건네 주었다.

"우리 아들이 사정을 이해할 수 있을 만큼 자랐을 때, 이 반지를 그 애한테 전해 다오."

그가 부탁했다.

"그리고 두 아이들에게 내 이야기를 이따금 해 주려무나."

데이비드는 반지를 받았다. 너무나 지쳐서 다툴 기력도 없었던 것이다. 빌은 물 속으로 들어간 뒤, 평영으로 천천히 헤엄쳐 나갔다. 약 50m쯤 나간 후 그는 돌아서서 한참 동안 데이비드에게 미소를 지어 보였다.

"나는 아저씨가 거의 시야에서 사라지려 했을 때 가서야 '아저씨!' 하고 소리쳐 부르기 시작했어요. 어떻게 사람이 그처럼 무한정 헤엄을 쳐 나갈 수 있겠어요? 아저씬 돌아와야만 했어요! 아저씨가 보이지 않게 된 뒤에도, 나는 더 이상 목소리가 나오지 않을 때까지 계속 소리쳐 불렀어요. 그리고 나서 기다렸지요. 그분은 돌아오지 않았어요."

데이비드가 아저씨의 희생을 현실로 받아들이게 된 것은 한 시간 이상이나 지난 뒤의 일이었다. 걷잡을 수 없는 죄책감, 슬픔, 그리고 공포에 가까운 외로움이 엄습해 왔다. 그는 신경질적으로 울부짖다가 마침내 불안한 잠 속에 빠져 들고 말았다. 그 날 밤 데이비드는 기도를 하고 싶은 생각이 들었다. 처음에는 어찌해야 좋을지 몰라 당황했다. 도덕적인 가치를 믿고 받드는 가정에서 자라기는 했지만, 그는 형식을 갖춘 종교의식에는 경험이 없었다.

"'기도문집을 갖고 있었으면 좋았을 걸' 하고 생각했지요. 그러나 얼마 뒤 나는 기도가 그렇게 어렵지 않다는 걸 깨달았습니다."

7월 19일 정오, 데이비드는 마지막 남은 식수 깡통을 비웠다. 작열하는 태양 아래 비켜 설 그늘은 없었다. 차양은

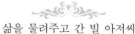

삶을 물려주고 간 빌 아저씨

이미 완전히 찌부러졌고, 구명대도 점점 흐늘흐늘해지고 있었다. 너무나도 지쳐서 고개를 쳐들 수조차 없었다. 그는 반듯이 누워 깊은 잠 속에 빠져들었다.

바로 그 날, 샌디에이고의 참치잡이 어선 로자 올리비아 호는 서쪽으로 뱃머리를 돌렸다. 그 배의 선장은 정규 어장의 서쪽 150km 해상에서 고기가 많이 잡힌다는 다른 어선들 사이의 무전 교신을 포착했던 것이다.

그러나 해질 무렵에 가서, 그 교신은 속임수—참치잡이 어선들 사이에 흔히 있는 속임수—임이 분명해졌다. 거기엔 고기떼가 없었다. 그들은 온종일 참치떼를 찾아 헤매느라고, 이제는 자기네가 일찍이 답사해 본 적이 없는 태평양 서쪽의 먼 수역에 나와 있게 된 것이었다. 그러다가 배를 돌리기 불과 몇 분 전에, 고기떼를 찾고 있던 망보는 선원이 열대의 태양이 서쪽 수평선에 지면서 이글거리는 광채를 살피다가 뭔가를 보았다.

데이비드는 로자 올리비아 호가 다가오는 바람에 눈을 떴다. 수다스러운 포르투갈 인 어부들이 물에 가까스로 떠 있는 구명대에서 그를 안아올렸다. 참치잡이 어선의 선실에서 데이비드는 자기 말고도 또 한 사람이 있었음을 설명하려고 들었다.

"그분이 나를 살려 주었습니다."

그는 계속 이렇게 말했다.

신앙심이 깊은 포르투갈 인 어부들은 벽에 걸린 '최후의 만찬' 복사 사진을 가리켰다.

"당신을 살려 준 것은 바로 저 분이오."

그들은 말했다.

빌 퀸랜이 그 구명대에 남아 있었다면 어떻게 되었을까? 그도 살아났을까?

"나는 수많은 어부들과 해안 경비대원들에게 그것을 물어 보았습니다. 나는 꼭 알아내야만 했어요. 그들은 모두 비록 그 구명대가 좀더 견딘다 할지라도, 조류와 바람이 그것을 계속 태평양 한가운데로 밀어냈을 것이라고 말했습니다. 만약 빌 아저씨가 그대로 구명대에 타고 있었더라면 그의 몸무게가 보태져서 우리는 더 멀리 밀려갔을 것이라고 해요. 로자 올리비아 호의 선원들 말을 들어 보면, 그들이 내 구명대를 발견했을 때 그것은 시계의 극한점에서 간신히 보일락말락 했다는 거예요. 내가 100m만 더 밀려나갔더라도, 그들은 결코 나를 찾아내지 못했을 거랍니다."

완전히 회복된 데이비드는 돌아갔다.

"내 생명을 걸고 어떤 중요한 일을 해야 한다는 것만은 알고 있습니다."

그는 말했다. 그는 가능한 많은 시간을 빌 아저씨의 아이들과 보내고 있는데, 그들이 성장했을 때 그들의 아버지에 대해 어떤 말을 해 주어야 할지 아직도 잘 모르겠다고 했다.

초상화
꽃가게의 주인은 자주 바뀌었지만
어머니날 꽃을 전해주던 전통은 사라지지 않았습니다

　잡지사에서 편집 일을 하고 있는 어머니와 류머티스성 심장병을 앓고 있는 16살 된 딸만 살고 있는, 식구라고는 달랑 둘뿐인 집이 있었다.

　고등학교 2학년인 딸은 어느 날 자기의 그림 실력을 확인해 보겠다며 남은 시간을 활용해 길에서 초상화를 그리겠다고 했다. 딸의 병을 아는 어머니는 고생만 될 뿐이라며 반대했다.

　"초상화를 그리고 싶으면 엄마를 그리면 되잖니?"

　어머니는 부드럽게 딸을 달래보았다.

　"매일 보는 얼굴이라서 아무 느낌도 안 와요."

　"엄마가 포즈나 표정을 다양하게 해볼게. 마음껏 고르렴."

　그러나 딸의 고집을 꺾을 수 없었다. 어머니는 조금 화가 났지만 딸과 싸우고 싶지 않았기 때문에 화를 가라앉힌 후 작은 탁자와 화판을 등에 지고 따라 나섰다.

　어둠이 짙게 깔릴 때쯤 딸이 돌아왔는데, 비록 얼굴은 땀투성이였지만 기쁨으로 가득 차 있었다. 그러나 너무 피곤한 나머지 밥을 몇 술 뜨기도 전에 잠이 들었다. 밤중에 어머니는 딸의 신음 소리를 듣고서 심장이 오그라드는 것처럼 걱정이 되었다.

처음에 어머니는 딸이 엉뚱한 생각을 하는 게 아닌가 하는 생각을 했지만 딸은 그렇지 않았다. 둘째 날에는 이렇게 작은 광고까지 만들었을 정도였으니까. '초상화를 그려 드립니다. 초상화를 그리는 값은 5마오입니다.' 딸은 돈을 받아야만 자신이 얼마나 그렸는지, 또 그림 그리는 수준이 어느 정도인지 알 수 있다고 했다. 바쁘게 그림을 그리다 보면 몇 사람을 그렸는지조차 잊어버릴 게 분명하다면서. 그 때부터 어머니의 걱정은 배가 되었다. 그동안 풍족하지 않은 생활이었어도 정신적으로나 물질적으로 다른 아이들보다 못하지는 않았는데, 딸이 광장 한가운데서 얼굴을 팔고 서 있는 모습을 어떻게 보란 말인가? 그건 거지와 다름 없다고 생각했다.

그러나 결국 어머니는 허락했고, 그 도시에는 새로운 진풍경이 생기게 되었다. 열예닐곱 정도 되는 파리한 여자아이가 그림 도구를 들고 작은 의자에 앉아서 지나가는 사람들을 주시하고 있고, 마흔 정도 되는 부인이 그 옆에서 파라솔을 높이 쳐들고 있는 모습이었다.

그리고 두 모녀 앞에는 돈을 넣을 수 있는 조그만 상자가 놓여 있었다.

2주가 지나자 딸은 5.5위안(55마오)을 벌게 되었다.

그러나 딸은 결국 쓰러지고 말았고 두 번 다시 깨어나지 못했다.

얼마 뒤 어머니날이 되었다. 거리는 꽃과 행복으로 넘쳐

초상화
53

났지만 어머니는 슬픔에 겨워 딸의 사진을 안고 통곡했다.

그 날 저녁이었다. 느닷없이 초인종이 울렸고 어떤 여학생이 향기로운 카네이션 한 다발을 들고 찾아왔다. 어머니는 집을 잘못 찾은 게 아니냐고 했지만 학생은 꽃을 건네주더니 미소 띤 얼굴로 문을 닫고 사라졌다.

시간이 흘러 다음 해 어머니날이 되었다. 어머니는 두 번 다시 꽃은 받아볼 수 없다는 생각과 하늘나라로 떠난 딸의 생각에 또다시 슬픔에 잠겨 있었다.

그 날 저녁, 초인종이 '딩동' 하고 울렸다. 예전과 마찬가지로 학생 한 명이 꽃을 들고 서 있었는데, 꽃배달 온 사람이 남학생으로 바뀌었을 뿐 어머니날에 선사하는 꽃은 변함이 없었다.

그 뒤에도 수년 간, 어머니날이면 항상 꽃이 배달되어 어머니의 고독한 날을 촉촉이 적셔주었다. 어머니는 꽃향기 속에서 힘을 얻었고 예전의 명랑함과 자신감을 회복하게 되었다.

어머니는 딸이 생전에 초상화를 그려 모은 5.5위안으로 꽃가게에 꽃을 예약해 두었다는 것을 모르고 있었다. 다음 해부터는 그 집에 꽃을 배달하는 것이 꽃가게의 전통이 되었고, 주인이 바뀌더라도 그 전통은 사라지지 않았다는 것을 모르고 있었다.

어느 겨울 장작불처럼 따뜻한

사랑하므로 줄 수 있었습니다
어느 겨울날 장작불처럼 따뜻한 사랑을 이야기하세요

한 청년이 장작을 사기 위해 골목으로 나왔다. 그 때 마침, 등이 낙타처럼 휜 할아버지 한 분이 수레에 장작을 싣고 지나가고 있었다. 노인은 일흔도 넘어 보였다.

"할아버지 장작 한 묶음에 얼마예요?"

청년이 물었다.

"음. 한 묶음에 50위안. 이 정도면 싼 거라네. 곧 날이 추워질 테니 어서 준비해 두라구."

"너무 비싸요. 40위안에 주세요."

청년은 값을 깎았다. 그러자 할아버지가 빙그레 웃으면서 말했다.

"그럴 수는 없다네, 젊은이. 20리 밖에서 35위안을 주고 사오는 거라네. 할아비가 고생한 것도 좀 생각해 주게, 젊은이."

그러나 청년은 처음부터 할아버지 말은 믿고 싶지 않았다.

'치, 그래도 최소한 20위안 이상은 남겨 먹을 텐데.'

청년은 다시 말했다.

"할아버지, 40위안에 안 주시면 장작을 사지 않겠어요."

할아버지는 어쩔 수 없다는 듯이 40위안에 장작을 팔았다.

"젊은이, 나중에 장가가면 잘 살겠어. 그렇게 알뜰해서 말이야."

할아버지는 또 사람 좋은 웃음을 지으며, 나귀를 끌고 발걸음을 옮겼다.

청년은 어느 날, 절친하게 지내는 친구들과 모임을 가졌다. 그들은 술이 거나하게 취해서 사랑에 대해서 얘기를 나누기 시작했다. 그들은 이 세상에 진실한 사랑은 없고, 사랑도 따지고 보면 일종의 거래라고 말했다.

"로미오와 줄리엣 따위의 이야기는 소설 속에서나 등장하는 거라고. 안 그래? 세상에 그런 사람들이 실제로 존재할 수 있을 것 같냐구."

청년의 말에 대다수 젊은이들이 고개를 끄덕였다. 그런데 모임에 있던 한 아가씨만은 고개를 저었다.

"절대 그렇지 않아. 사랑을 거래라고 말하는 것은 사랑에 대한 지나친 모독이야."

아가씨는 강한 어조로 말했다. 젊은이들의 시선이 모두 아가씨에게로 쏠렸다. 아가씨는 계속해서 입을 열었다.

"내가 아는 분 중에 자식도 없이 사는 노부부가 계셔. 할아버지는 매일 우리 목재상에 오시지. 목재상에서 나오는 장작을 사서, 수레에 싣고 팔러 다니기 위해서야. 우리는 그 할아버지가 불쌍해서 35위안에 장작을 넘기고 있어. 그런데 할아버지가 돈을 벌면 뭘 하시는지 알아?"

아가씨는 모임에 있는 젊은이들을 진지한 표정으로 둘러

보았다. 젊은이들은 눈을 깜빡이며 다음 말을 기다리고 있었다.

"최저 생활비를 빼고, 모두 약값에 쓰고 계셔. 할머니가 자리에 누워 계신데, 벌써 그게 40년째야. 40년!"

젊은 아가씨는 계속해서 말을 이어나갔다.

"할아버지는 젊었을 때 머슴살이를 하셨는데, 그만 주인집 딸과 사랑에 빠지고 말았어. 둘은 도망쳐서 산골에서 살기 시작했지. 두 사람은 정말 끔찍할 정도로 서로를 아끼고 보살폈어. 그 이듬해 부인은 아기를 갖게 됐지. 하지만 불행하게도 아기는 태어나자마자 죽고 말았어. 부인도 아기를 낳을 때 피를 너무 많이 흘려서인지 하반신 마비가 돼버렸지.

할아버지는 어떻게든 부인을 낫게 하고 싶었어. 그래서 돈이 되는 일이라면 무엇이든지 했지. 몸이 녹아내릴 정도로 말이야. 할아버지는 유명한 병원이란 병원은 다 찾아다녔어. 하지만 그 때마다 의사들에게서 돌아온 말은 모두 같았지. 현대 의학으로는 고치기 힘들다고, 기적을 기대할 수밖에 없다고. 할아버지는 눈물로 밤을 지새우셨지.

하지만 할아버지는 그대로 주저앉을 수 없었어. 돈을 벌어야 했거든. 돈을 벌어서 아내의 병을 치료해줘야 했거든. 할아버지는 기적에 온몸을 맡긴 거야. 주변에서 그들을 지켜보던 사람들은 안타까움에 말했지. 그렇게 고생하지 말고, 차라리 그 돈으로 그냥 남은 삶을 편안히 사는 게 어떻겠냐고. 할머니도 울면서 할아버지를 말렸지. 이제 그만 좀 하라고. 할머니는 수 차례 할아버지 몰래 목숨을 끊으려고 했어. 할아버지는 할머니가 그러는 것을 알 때마다, 눈물을 흘리면서 말했어. 제발, 용기를 잃지 말라고. 당신은 꼭 일어설 수 있을 거라고.

할머니도 할아버지가 워낙 지극 정성으로 보살피다 보니까, 이제 그만 죽을 생각은 하지 않았어. 할머니 또한 꼭 자기의 손으로 남편에게 따뜻한 밥 한 끼라도 해주고 싶었기 때문이야.

그렇게 40년이란 세월이 흘렀어. 그들은 늙었고 희망은 점점 그들에게서 멀어지는 것 같았어. 하지만 그들은 실처럼 가느다란 희망의 끈을 한 번도 놓지 않았어.

할아버지는 이제 늙으셔서 육체노동이 힘들어졌지. 그래서 20리나 떨어진 우리 목재상에 와서 장작을 가져다 파시는 거야. 한 겨울에 노인이 장작을 팔러 다니는 게 어디 쉬운 일이겠니?"

"그래서 지금 할머니는 어떠신데."

청년이 숨넘어가듯이 다급하게 물었다.

"나는 오히려 너한테 묻고 싶어. 이런 사랑도 장난이라고, 거래라고 말할 수 있는지?"

아가씨는 빤히 청년을 쳐다보았다. 순간 무안해진 청년은 고개를 숙였다.

청년은 그 뒤 꼭 그 할아버지를 한 번 만나보고 싶었다. 자기에게서 겨우 5위안밖에 벌어가지 못한 할아버지를 생각하니 마음이 짠했다.

그러던 어느 날이었다. 청년은 살을 에는 듯한 차가운 바람에 옷깃을 여미며 길을 지나가고 있었다. 그런데, 그 때 할아버지가 다리 아래에서 손을 호호 불며 서 있었다. 수레에는 아직 팔지 못한 장작개비가 수북했다.

"할아버지, 80위안에 장작을 사겠어요."

청년은 할아버지가 뭐라고 말하기도 전에 얼른 지갑을 열어 돈을 세었다. 할아버지는 말없이 수레를 끌고 청년의 집으로 향했다. 마당에 도착한 할아버지는 아직 청년의 집에 뗄 장작이 많다는 것을 알았다.

"장작이 이렇게 많은 데 또 사는 게야?"

"네, 겨울을 따뜻하게 보내려고요."

청년은 할아버지 손에 80위안을 쥐어줬다. 할아버지는 또 빙그레 웃으면서 30위안을 청년에게 돌려주었다.

"아니, 왜요. 할아버지?"

"50위안이면 충분해. 충분하고말고."

할아버지는 다시 온화한 표정으로 수레를 끌고 돌아섰다. 청년이 순간 큰 목소리로 물었다.

"할아버지, 지금 할머니는 어떠세요? 네?"

할아버지가 환하게 웃으면서 청년을 돌아보았다.

"힘겹긴 하지만 조금씩 걸어 다닌다네."

순간 청년의 얼굴도 환하게 웃음으로 번졌다. 청년은 할아버지와 할머니를 생각하자 겨울이 더 이상 춥게 느껴지지 않았다. 청년은 할아버지가 가는 길을 오랫동안 바라보고 서 있었다.

어느 겨울 장작불처럼 따뜻한

입술에 키스하는 척하면서 코끝에 키스하라

한밤중에 혼자 있을 때 좋아하는 사람의 이름을 조용히 불러 봐라. 한숨 쉬듯이.

감자 수프를 많이 만들어 놓아라. 아침의 빵과 저녁의 밥에 따뜻한 감자 수프를 곁들여라.

좋아하는 색깔 좋아하는 모양 좋아하는 감촉의 종이를 모아서 편지봉투를 만들어라. 어떤 색 봉투를 누구에게 보낼지 가장 예쁘게 만들어진 봉투는 누구에게 줄지 생각하면서.

커피를 끓여서 맛있는 초콜릿 세 조각과 함께 먹어라.

짝사랑하는 사람이 좋아하는 것 기뻐하는 것 언제나 즐거운 듯 이야기하는 것이 무엇인지 떠올려 봐라. 그가 자기도 모르게 생긋 웃을 만한 선물을 주기 위해.

입술에 키스하는 척하면서 코끝에 키스하라.

얼어붙을 듯 차가운 북풍을 헤치고 간신히 집에 도착한 뒤에는 따뜻한 팔보차를 끓여라. 살구, 구기자, 대추, 목이버섯, 국화꽃 등등……. 갖가지 색깔이 섞여 흔들리는 모습을 보면서 후후 불어 마셔라. 따뜻한 김을 쐬면서 눈을 깜빡여 얼어붙은 속눈썹을 녹여라.

거리에 눈이 쌓이면 희고 아름다운 눈을 모아서 눈사람을 만들자. 손바닥 위에 올려놓을 만한 크기로. 냉동실에 넣어 두고 이따금 인사해라.

오븐 속의 스펀지케이크가 부풀어 오르는 모습을 얼굴이

빨갛게 익을 때까지 지켜봐라.

발렌타인데이에는 초콜릿을 건넨 뒤 연인의 속눈썹에 키스해라. 매우 정성스럽게 진심을 다해. 뺨이나 손바닥에도 키스를 해라. 입술에는 맨 마지막에.

밤에는 하루를 리셋하는 마음으로 이를 닦아라. '0'으로 되돌리는 것이다.

아침에는 새로운 나에게 "처음 뵙겠어요"라고 인사하는 마음으로 얼굴을 씻는다. 눈이 번쩍 뜨일 만큼 차가운 물로.

부드러운 천으로 가죽구두를 정성껏 손질해라. 밀랍이 들어간 크림을 발라서. 반짝반짝 빛나는 구두를 현관에 죽 늘어놓고 황홀하게 바라봐라.

시큼한 매실로 매실차를 끓여라. 매화꽃 한 가지를 방 안에 장식한다.

저 멀리 지구 반대편에 있는 나라의 전혀 모르는 집에서, 맛있는 빵이 향기롭게 구워지고 있는 모습을 상상해라.

빨래가 귀엽게 펄럭이는 모습을 상상해라. 엉엉 하고 어린애처럼 큰 소리로 울어 봐라. 쌍안경을 들고 별똥별을 찾아 봐라. 코트를 입고 새하얀 봄 운동화를 신어라. 손에는 쇼핑백을 들어라.

4년 후의 일을 약속해라. 되도록 즐거운 일을. 손꼽아 기다릴 만한 일을. 4년이라는 시간이 필요할 만한 일을. 서로 아이디어를 짜 내서 굳게 약속해라.

네잎 클로버 강의실

봉봉 사탕가게

구름 뒤에 가려진 태양이 먼 들판을 환히 비추듯
무지개 쫓던 어린시절은 먼 과거를 빛내 준다

내가 위그든 씨의 봉봉 사탕가게에 처음 간 것은 4살 때였다. 하지만 그 많은 사탕들이 풍기던 향기로운 냄새는 반 세기가 지난 지금도 아직 내 머릿속에 생생히 되살아나고 있다.

가게문에 달린 조그만 방울이 울리면 위그든 씨는 언제나 조용히 나타나 진열대 뒤에 와 섰다. 그는 꽤 나이들어 머리는 구름처럼 희고 고운 백발로 덮여 있었다.

나에게는 그토록 마음을 사로잡는 맛있는 물건들이 한꺼번에 펼쳐진 적은 없어 그 중에서 한 가지를 고르기가 꽤 어려웠다. 먼저 어느 한 가지를 머릿속으로 충분히 맛보지 않고는 다음 것을 고를 수가 없었다. 그러고 나서 마침내 내가 고른 사탕이 하얀 종이 봉지에 담겨질 때면 언제나 잠시 괴로운 아쉬움이 뒤따랐다. 다른 것이 더 맛있지 않을까? 더 오래 먹을 수 있지 않을까?

위그든 씨는 사탕을 봉지에 넣은 다음, 잠시 기다리는 버릇이 있었다. 한 마디도 말은 없었다. 그러나 하얀 눈썹을 치켜올리고 서 있는 그 자세에서, 다른 사탕과 바꿔 살 수 있는 마지막 기회임을 누구나 알 수 있었다. 계산대에 사탕값을 올려놓은 다음에야 비로소 사탕 봉지는 봉해지고, 잠시 주저하던 시간은 끝나는 것이었다.

우리 집은 전차길에서 두 블럭쯤 떨어져 차를 타러 나갈 때나 집으로 돌아올 때는 언제나 그 봉봉 사탕가게 앞을 지나게 되어 있었다.

어느 날 볼일이 있어 시내까지 나를 데리고 나갔다가 집으로 돌아오는 길에 어머니는 위그든 씨의 봉봉 사탕가게에 들르신 일이 있었다.

"뭐, 맛있는 게 있나 보자."

어머니는 길다란 유리 진열장 앞으로 나를 데리고 가셨다. 그 때 커튼 뒤에서 노인이 나타났다. 어머니가 노인과 잠깐 이야기를 나누는 동안 나는 눈앞에 진열된 사탕들을 정신 없이 바라보았다. 마침내 어머니는 내게 줄 사탕을 몇 가지 고른 다음 값을 치르셨다.

어머니는 매주 한두 번씩 시내에 나가셨고, 아이 보는 사람이 없어 나는 늘 어머니를 따라다녔다. 어머니는 나를 위하여 그 봉봉 사탕가게에 들르시는 게 규칙처럼 되었다. 처음 들른 날 이후로 먹고 싶은 것을 언제나 내게 고르게 하셨다.

그 무렵 나는 돈에 대해 전혀 알지 못했다. 그저 어머니가 무엇인가 건네주면, 그것을 받은 사람은 무슨 꾸러미나 봉지를 내주는 것을 보고 '아하, 물건을 팔고 사는 건 저렇게 하는 거로구나' 하고 여겼다.

그러던 어느 날 결단을 내려 위그든 씨 가게까지 두 블럭이나 되는 먼 거리를 나 혼자 한번 가보기로 했다. 한참

애쓴 끝에 간신히 그 가게를 찾아 커다란 문을 열었을 때, 귀에 들려오던 그 방울 소리를 지금도 나는 뚜렷이 기억한다. 나는 가슴 두근거리며 천천히 진열대 앞으로 걸어갔다.

이쪽엔 박하 향기나는 납작한 사탕, 저쪽엔 설탕 입힌 커다란 드롭스, 쟁반에는 조그만 초콜릿 알사탕, 그 뒤의 상자에는 입에 넣으면 뺨이 불룩해지는 굵직한 눈깔사탕이 있었다. 단단하고 반들반들하게 짙은 암갈색 설탕 옷을 입힌 땅콩을 위그든 씨는 조그마한 주걱으로 떠서 팔았는데, 두 주걱에 1센트였다. 물론 감초과자도 있었다. 그것을 베어 문 채 입 안에서 녹여 먹으면 꽤 오래 우물거리며 먹을 수 있었다.

이만하면 맛있게 먹을 수 있겠다 싶을 만큼 내가 이것저것 골라 내놓자, 위그든 씨는 나에게 몸을 구부리며 물었다.

"너, 이만큼 살 돈은 가지고 왔니?"

"네, 그럼요."

그리고는 주먹을 내밀어 위그든 씨의 손바닥에 반짝이는 은박지로 정성스럽게 싼 여섯 개의 버찌 씨를 조심스럽게 떨어뜨렸다. 위그든 씨는 잠시 자기 손바닥을 들여다보더니, 다시 한동안 내 얼굴을 바라보았다.

나는 걱정스럽게 물었다.

"모자라나요?"

그는 조용히 한숨을 내쉬며 대답했다.

"좀 남는 것 같구나. 거스름돈을 받아가거라."

그는 오래된 금고 쪽으로 걸어가더니, '철컹' 소리가 나는 서랍을 열었다. 그리고 계산대로 돌아와 몸을 굽혀 앞으로 내민 내 손바닥에 2센트를 떨어뜨려 주었다.

내가 혼자 거기까지 간 사실을 아신 어머니는 나를 나무라셨다. 그러나 돈의 출처는 물어보지 않았던 것으로 기억한다. 나는 다만 어머니의 허락 없이 다시는 그 곳에 가지 말라는 주의를 받았을 뿐이었다.

나는 어머니 말씀에 순종했다. 그리고 두 번 다시 버찌씨를 쓴 기억이 없는 것으로 보아, 허락이 있었을 때에는 분명히 1, 2센트씩 어머니가 돈을 주셨던 것 같다. 그리고 나는 그 일을 까맣게 잊고 있었다.

내가 7살 때 우리 집은 동부로 이사했다. 거기서 나는 성장하여 결혼하고 가정을 이루었다.

아내와 나는 외국산 열대어 장사를 시작했다. 양어장이 아직 초창기를 벗어나지 못한 시절이라 대부분 아시아, 아프리카, 남아메리카 등지에서 직접 수입하여 한 쌍에 5달러 이하의 것은 없었다.

어느 화창한 오후, 남자아이와 그보다 더 어린 여자아이가 가게 안으로 들어왔다. 나는 바쁘게 어항을 닦고 있었다. 두 아이는 눈을 크게 뜨고 수정처럼 맑은 물 속을 헤엄치는 아름다운 열대어를 바라보았다.

그러다가 남자아이가 소리쳤다.

"우리도 저거 살 수 있지요?"

"그럼, 돈만 있다면야."

"네, 돈은 많아요."

남자아이는 자신 있게 말했다.

그 말하는 모습이 어딘지 친근하게 느껴졌다. 아이들은 얼마 동안 물고기들을 살펴보더니 손가락으로 몇 가지 종류를 가리키며 한 쌍씩 달라고 했다. 나는 아이들이 고른 것을 그물로 건져 휴대 용기에 담아 들고 가기 좋도록 비닐 봉지에 넣어 건네주며 말했다.

"조심해서 들고 가야 한다."

"네."

남자아이는 고개를 끄덕이며 누이동생을 돌아보고 말했다.

"네가 돈을 내."

나는 손을 내밀었다. 다음 순간, 꼭 쥐어진 여자아이의 주먹이 내게 다가왔을 때 나는 앞으로 일어나게 될 사태를 금방 알아차렸다. 그리고 그 어린 소녀의 입에서 나올 말까지도. 소녀는 쥐었던 주먹을 펴고 내 손바닥에 5센트짜리 동전 두 개와 10센트짜리 은화 한 개를 쏟아놓았다.

그 순간 나는 먼 옛날 위그든 씨가 내게 물려준 유산이 내 마음속에서 작용하는 것을 느꼈다. 그제야 비로소 지난 날 내가 그 노인에게 안겨준 어려움이 어떤 것이었는지 알 수 있었고, 그가 얼마나 멋지게 그것을 해결했던가를 깨닫게 되었다. 손에 들어온 그 동전들을 바라보노라니 나는 그 조그만 봉봉 사탕가게에 다시 들어가 있는 기분이었다.

나는 그 옛날 위그든 씨가 그랬던 것처럼, 두 어린이의 순진함을 보전할 수도 파괴할 수도 있는 힘이 내게 있음을 알게 되었다. 그것은 위그든 아저씨가 내 마음에 심어준 아름다움의 씨앗이었다. 그 날의 추억이 너무도 가슴에 넘쳐 나는 목이 메었다. 소녀는 기대에 찬 얼굴로 내 앞에 서 있었다. 그리고 작은 목소리로 물었다.

"모자라나요?"

나는 목이 메는 것을 참으며 간신히 말했다.

"아니, 좀 남는 걸. 거슬러 주마."

나는 금고 서랍을 뒤져 소녀가 내민 손바닥에 2센트를 떨어뜨려 주었다. 그리고 나서 보물을 소중하게 들고 길을 걸어 내려가는 두 아이의 모습을 문간에서 지켜보았다.

가게 안으로 돌아오니, 아내는 어항 속의 물풀들을 가다듬느라 의자 위에 올라서서 두 팔을 팔꿈치까지 물 속에 담그고 있었다.

아내는 나를 보고 말했다.

"대체 무슨 까닭인지 말 좀 해봐요. 물고기를 몇 마리나 주었는지 알고 있나요?"

나는 아직도 목이 멘 채로 대답했다.

"한 삼십 달러어치 주었지. 하지만 그럴 수밖에 없었어."

내가 위그든 씨에 대한 이야기를 끝냈을 때 아내의 두 눈은 촉촉히 젖어 있었다. 아내는 의자에서 내려와 내 뺨에 조용히 입을 맞추었다.

나는 한숨을 쉬었다.

"아직도 그 드롭스 냄새가 생각나."

그리고 다시 어항을 닦으면서 어깨너머에서 들려오는 위그든 씨의 나지막한 웃음소리를 들었다.

봉봉 사탕가게

롤러블레이드

롤러블레이드는 없지만
나는 희망을 롤러블레이드 위에 올려 놓을 거야
더 멀리 날아갈 수 있도록

류웨이는 롤러블레이드가 너무 갖고 싶었다. 산뜻한 디자인에 자그마한 바퀴가 달린 롤러블레이드! 엄마가 일을 그만둔 류빙도 가지고 있을 만큼 롤러블레이드의 인기는 가히 폭발적이었다.

하지만 지금까지 롤러블레이드가 없었기 때문에 하굣길에는 늘 혼자서 집으로 가야만 했다. 다른 애들은 롤러블레이드를 타고 '슈웅' 하면서 어느 새 멀리 날아가는데, 무슨 수로 그 꽁무니를 뒤쫓아가란 말인가? 그러니 늘 혼자서 말없이 담담한 햇볕 아래 끝도 없는 쓸쓸함을 느끼며 집으로 갈 수밖에 없지. 부모님께 하나 사 달라고 해볼까 하고 생각했다가 단념하기를 수 차례 반복했다. 엄마, 아빠의 수입으로는 학교 다니면서 밥 먹고, 피아노 학원 가는 것도 벅차다는 걸 알고 있었기 때문이다. 그러나 고민 끝에 아빠께 롤러블레이드 얘기를 꺼내보기로 결심했다. 아무리 자신을 달래봐도 롤러블레이드를 갖고 싶은 마음을 억누르기는 힘들었기 때문이었다.

그 날 저녁 식사시간에 단단히 결심한 류웨이가 아빠를

불렀다. 그러나 아빠는 고개도 돌리시지 않은 채 대답을 하셨다.

"무슨 일이야?"

요즘 들어 아빠는 목소리도 딱딱하고 예전과는 다르게 신경질적이셨다. 순간 모든 일이 귀찮은 듯한 아빠의 말투를 듣자 나오던 말이 다시 쏙 들어갔지만 롤러블레이드의 강한 유혹은 뿌리칠 수가 없었다.

"아빠, 롤러블레이드 갖고 싶어요."

조그맣게 말했는데 아빠는 기가 차다는 듯이 천천히 노려보더니 말씀하셨다.

"뭐라고 했냐?"

무척 긴장되었지만 다른 친구들은 다 가지고 있다고 다시 한 번 말했다.

순간 아빠는 화들짝 놀란 표정이 되었다가 분노로 뺨이 후들후들 떨리는 듯했다

잠시 뒤 여태껏 한 번도 들은 적 없었던 무서운 목소리가 들려왔다.

"철없는 자식 같으니! 지금이 어느 때인데 롤러블레이드라는 말이 나오냐! 아빠가 요즘 얼마나 힘든지 알기나 해! 기껏 배운 게 다른 사람과 비교하는 것뿐이냐!"

흥분한 아빠의 목소리가 어찌나 크던지 고막이 터질 것 같았다. 참을 수 없었다.

'롤러블레이드 얘기를 꺼낸 게 그렇게 큰 잘못인가! 그게 그렇게……'

"안 사면 되잖아요. 롤러블레이드를 사 달라는 게 그렇

롤러블레이드

게 잘못된 건지 몰랐어요. 이럴 줄 알았으면 절대 말하지 않았을 거예요. 엄마, 아빠가 돈 없다는 것도 잘 안다구 요!"

화가 나서 냅다 소리를 지른 다음 집을 뛰쳐나왔다.

그 길로 친구 집에서 이틀을 묵었다. 친구와 같이 놀다 가 지쳐서 쉴 때면 성난 아빠의 얼굴이 떠오르곤 했다. 예 전의 아빠는 그렇지 않았다. 자식의 요구가 합리적이면 최 대한 들어주었던 것이다.

그 날도 그런 생각에 잠겨 있는데 문 두드리는 소리가 들렸고, 친구가 나가서 문을 여는 소리가 났다. 그 때 류 웨이는 피로에 지쳐 초췌한 얼굴을 한 아빠가 문 앞에 서 있는 것을 보고 말았다. 아빠는 세제 같은 것을 잔뜩 들고 있었는데, 분명 그걸 팔려고 오신 거였다. 온몸의 피가 거 꾸로 솟구치는 것 같았고 이마에는 땀이 송골송골 맺히고 있었다.

"또 왔어요! 우리는 안 산다고 했잖아요!"

그 때 아빠도 뒤에 서 있던 류웨이를 보았고, 순간 얼굴 이 창백해지더니 머뭇머뭇거리며 말했다.

"그래요? 예약했던 집이 여기가 아닌가? 죄송합니다. 잘못 알았네요."

그러더니 아빠는 황급히 자리를 떴다.

친구가 문을 닫으며 투덜댔다.

"정말 지독해. 도대체 몇 번인지 모르겠어. 지겨워!"

류웨이는 갑자기 친구를 밀치더니 친구의 황당한 얼굴을

돌아볼 새도 없이 뛰쳐나갔다.

아래로 뛰어 내려가니 생각에 잠긴 채 걸음을 질질 끌고
계시는 아빠가 보였다. 그 모습이 너무 지치고 늙어 보였
다. 또 얇은 옷이 바람에 팔랑거리는데 금세 넘어지시기라
도 할 것 같았다. 류웨이는 갑자기 속에서 울컥하는 느낌
이 들었고, 달려가서 아빠의 팔을 잡았다.

"아빠……"

뭐라고 말을 하고 싶었지만 나오지가 않았다. 오히려 아
빠가 어깨를 감싸 안으며 말씀하셨다.

"아빠가 실직한 지 벌써 3개월째다."

류웨이는 아빠가 왜 그렇게 신경이 예민했는지, 또 왜
그렇게 롤러블레이드에 불같이 화를 냈었는지 그제야 알게
되었다.

집으로 돌아가는 길에 두 사람은 수많은 이야기를 하면
서 서로 간의 거리를 좁혀갔다.

"네가 롤러블레이드 가지고 싶어하는 것 잘 안다. 생활
이 좀 안정되면 사주마."

류웨이의 눈에는 눈물이 고였고, 갑자기 어른이 된 것
같은 느낌이 들었다.

"아빠, 이제는 롤러블레이드 같은 건 필요 없어요. 정말
이에요."

아빠는 류웨이의 눈을 보면서 아직 어린애 같은 류웨이
의 어깨를 힘주어 잡았다. 그 순간 가로등 불빛 아래에서
반짝이고 있는 아빠의 눈물을 보게 되었다.

다음 날 하굣길에서 친구들은 롤러블레이드를 타고 나는

롤러블레이드

듯이 미끄러져 갔다. 류웨이는 차분한 마음으로 친구들을
보다가 땅에 쏟아진 찬란한 햇빛을 힘껏 밟았다.

류웨이는 생각했다.

'롤러블레이드는 없지만 나는 희망을 롤러블레이드 위에
올려놓을 거야. 더 멀리 날아갈 수 있도록'

여자가 놓쳐서는 안될 1%찬스

아빠와 함께 신문배달을
참으로 자녀를 아는 아버지야말로 현명한 사람입니다

여덟 살이 되어 제법 철이 들었을 때 나는 나 자신의 신문배달 구역을 갖는 것보다 더 영광스러운 일은 없다는 확신을 갖게 되었다. 그렇게만 된다면 나는 용돈을 스스로 벌어 일일이 부모님에게 손을 내밀지 않아도 될 것이다. 뿐만 아니라 아버지로부터 나도 무엇인가를 할 수 있다는 인정을 받게 되기를 바랐다.

아버지는 맡은 일을 잘 해낸다는 것은 당연한 일이라고 생각하는 분이었다. 어렸을 때 부모를 여읜 아버지는 대공황기인 1930년대에 텍사스 주 북부의 조그만 농장에서 엄격하지만 자애로운 할아버지 슬하에서 자랐다. 손으로 하는 일—목화를 따고 진흙땅을 갈고 플라스틱 공장에서 기계를 다루는 일 등—은 아버지가 평생 해 온 일이었다. 아버지는 젊은이들이 일을 배운다는 것은 교육적으로 필요한 부분이라고 생각하셨다. 그런데 그때까지 나는 그 방면에 별로 재능을 드러낸 적이 없었다.

매일 저녁 우리 여섯 식구가 식사를 하기 위해 자리에 앉으면 아버지는 어김없이 이렇게 물었다.

"얘야, 오늘은 학교에서 무엇을 배웠니?"

그러면 식구들은 모두 입을 다물고 나에게로 시선을 보내게 마련이었다. 시원스런 대답을 준비하지 못한 나는 애꿎은 접시에다 시선을 고정시킨 채 이렇게 대답하곤 했다.

"별로 배운 게 없어요."

그러면 아버지는 생활에 찌든 얼굴에 엷은 미소를 띠면서 이렇게 말하곤 했다.

"그럼 학교 집어치우고 일이나 하는 게 낫겠구나."

밤마다 나는 침대에 누워 어떻게 하면 신문배달을 할 수 있을까 궁리하곤 했다. 두 가지 장애물이 있었다. 신문배달을 하려면 나이가 최소한 열두 살은 되어야 하는데 나는 그보다 네 살이 어렸고, 또 그 일자리는 이미 임자가 있었다. 나이가 열네 살이고 몸집이 나의 두 배쯤 되는 프랭키가 아주 오래전부터 그 구역의 신문배달을 맡고 있었다. 그가 그 일을 그만둘 기미는 전혀 보이지 않았다. 그렇지만 나는 연신 그에게 혹시 그만두게 되면 나를 추천해 달라고 부탁하곤 했다. 그는 그러겠다고 말했고, 그 말에 나는 희망을 걸고 있었다.

스스로 나서서 프랭키의 조수가 된 나는 배달구역을 그 못지않게 훤히 알고 있었다. 매일 오후 학교수업이 끝나면 나는 신문뭉치들이 부려져 있는 길모퉁이로 자전거를 타고 갔다. 프랭키와 그 밖의 배달소년들은 내가 도착할 무렵이면 으레 그곳에 와 있었다. 자전거, 오렌지색 캔버스천 주머니, 신문, 그리고 고무밴드들이 먼지투성이의 콘크리트 바닥에 흩어져 있었다.

신문을 다 접고 나면 프랭키는 나에게 몇 뭉치의 신문을 건네 주고는 대부분의 신문뭉치를 자신의 튼튼한 자전거에 실었다. 아무리 힘껏 페달을 밟아도 나는 각각의 집 앞에 난 자동찻길을 따라 자전거를 타고 우아하게 들어갔다 나오곤 하는 프랭키를 따라가기 힘들었다. 그는 별로 힘도 들이지 않고 단단하게 말은 신문뭉치를 우람한 떡갈나무 가지들과 철책 너머로 던져 넣었는데, 신문뭉치는 그가 현관에 정해 놓은 지점에 정확하게 떨어지곤 했다.

내가 보기에 신문배달과 함께 해야 하는 한 가지 고약한 일은 새 구독자들을 확보하는 일이었다. 어두워진 뒤 낯선 사람의 집문을 두드리고 신문을 구독해 달라고 부탁하는 것은 상당한 용기가 필요한 일이었다. 어쩌다가 부탁에 응해 주는 사람이 있긴 했다.

"석간 신문이지?"

신문구독을 부탁하면 사람들은 이렇게 말하곤 했다.

"한번 구독해 볼까? 언제부터 넣어 줄 수 있겠니?"

"지금 당장 넣어 드릴까요?"

프랭키는 얼굴 가득 웃음을 띠며 그 날 나온 신문을 무료로 내밀곤 했다.

"항상 사람들이 기대하는 것 이상을 주어야 하는거야."

환한 가로등 불빛 아래 페달을 밟으면서 그는 말하곤 했다. 2년 이상 신문배달 조수 노릇을 하면서 나는 더할 나위 없이 행복했다.

그러던 어느 봄날 오후, 프랭키가 폭탄선언을 했다. 그가 내 어깨에 손을 얹으면서 말했다.

"너에게는 좀 안된 얘기지만 말이야, 블랙 코치가 나를

아빠와 함께 신문배달을

75

선발투수로 기용하려고 하거든. 그러자면 우리는 매일 오후 연습을 해야 해. 그래서 말인데, 신문배달을 그만두어야 할 것 같아.”

“신문배달을 그만…….”

나는 다음 말을 이을 수 없었다. 나는 아직 어려서 그 일을 맡을 자격이 없었다. 나는 가까스로 눈물을 참고 있었다.

“내 말 들어 봐. 너에게 아주 희망이 없는 건 아냐.”

프랭키가 말했다.

“네가 그동안 나를 많이 도와 주었다고 보급소장에게 말했더니, 그분이 너를 만나 보겠다고 했어.”

그 날 밤 내가 비참한 기분으로 현관 앞 그네에 앉아 있는데 밖으로 담배를 피우러 나오는 귀에 익은 아버지의 구두 소리가 들려왔다.

“너 기분이 언짢은 모양이구나.”

아버지가 파이프에 불을 붙이면서 물었다.

“저녁을 먹으면서 말을 한 마디도 않더구나.”

나는 무릎을 가슴께로 끌어당기면서 마지못해 그 동안의 사정을 설명했다.

“그건 꽤 힘든 일이지.”

아버지가 말했다.

“정말 네가 그 신문배달을 제대로 해낼 수 있다고 생각하니?”

“네.”

나는 거침없이 대답했지만 찜찜한 구석이 아주 없진 않

았다. 일요판 신문은 엄청나게 부피가 컸으며, 해가 뜨기 전에 배달해야 했다. 하지만 어떻게든 해낼 수 있을 것 같았다.

아버지는 파이프에 다시 불을 붙였다. 성냥불빛이 아버지의 불그스레한 얼굴을 비추었다.

"그렇다면 네가 보급소장을 만나러 갈 때 나도 함께 가마. 하지만 나는 그냥 지켜보러 가는 거다. 이야기는 네가 해야 한다."

나는 깜짝 놀라서 아버지를 쳐다보았다. 그때까지 신문 배달은 일종의 게임 같은 것, 즉 아버지에게 내 능력을 증명해 보이기 위한 수단이었다. 그러나 이제 아버지가 끼어듦으로써 나는 내가 생각했던 것보다 더 큰 일에 말려든 것 같았다.

아버지는 집 안으로 들어가기 위해 돌아섰다.

"아, 그렇지. 보급소장을 만나러 갈 때는 양복을 입고 넥타이를 매도록 해라."

아버지가 말했다. 나는 벌떡 일어섰다.

"하지만 아무도 그런 옷차림은 안 해요."

나는 다른 아이들에게 우습게 보일 거라고 생각했다.

"그 아이들은 일을 맡고 있지만 너는 맡고 있지 않다."

아버지는 당연하다는 투로 말했다.

"하지만……."

"하지만은 무슨 하지만이냐?"

아버지는 단호하게 말했다.

"이것은 장난이 아니다. 만약 네가 이 일을 중요하게 생각하지 않으면 차라리 나서지 않는 게 좋다."

　조마조마한 두 주일이 지난 뒤, 나는 어색한 기분으로 흰 와이셔츠에 짙은 갈색 양복을 입고, 그에 어울리는 넥타이를 매고 나들이용 구두를 신었다. 우리는 말없이 면담 장소인 인근 쇼핑센터의 주차장으로 차를 몰고 갔다. 신문 배달원들의 모임이 끝나자 아버지는 쭈그려 앉으면서 두 손으로 내 양쪽 어깨를 가볍게 잡았다.

　"만약 보급소장이 이 일을 너에게 맡긴다면 그 사람은 규정을 어기게 되는 거다."

　아버지는 나에게 다짐했다.

　"그것이 무엇을 뜻하는지 알겠지? 그분에게는 아마 부양할 가족이 있을 거다. 너는 그것을 잘 알고 있겠지?"

　이제 와서 물러설 수는 없었다.

　"네, 아버지."

　아버지는 입을 다물고 내 눈을 뚫어지게 들여다보았다.

　"그럼 들어가 봐라. 그리고 너를 있는 그대로 보여 줘라. 나는 여기서 기다리겠다."

　자신감이 흔들리는 것을 느꼈다. 나는 조그만 몸집으로 다른 배달원들 사이를 비집고 들어가서 몸집이 크고 머리가 벗겨진 남자에게로 다가갔다.

　"무슨 일이지?"

　보급소장이 물었다.

　"옷차림이 단정하구나. 네가 바로 프랭키가 말하던 그 아이인 모양이지?"

　"네, 그렇습니다."

내가 대답했다.

"저는 제가 나이가 어리다는 것을 압니다. 하지만 기회를 주신다면 저는 누구보다도 훌륭한 배달원이 될 겁니다. 저는 배달구역을 잘 압니다. 사람들도 알고 있구요. 그리고 저는 책임감이 강합니다. 프랭키에게 물어 보시면 알 겁니다."

"벌써 물어 보았지."

보급소장은 몸을 뒤로 젖히고 나를 훑어보며 말했다.

"몇 살이라고 했지?"

"여섯 달 뒤면 열한 살이 됩니다."

나는 열두 살로 들렸으면 하고 되도록 의젓한 목소리로 대답했다. 보급소장은 얼굴을 찌푸렸다.

"일요판 신문을 다루기엔 좀 어리다고 생각하지 않니?"

"저는 그 일을 해낼 수 있습니다."

"날이 춥고 비가 온다면 어떻게 할래?"

보급소장이 끈질기게 나를 물고 늘어졌다.

내 어깨가 밑으로 축 처졌다. 그럴 경우 나는 속수무책이었다. 보급소장은 그것을 알고 있었고, 프랭키와 주위에서 기다리고 있는 다른 아이들 역시 그것을 알고 있었다. 나는 말없이 시선을 발 밑으로 떨구었다.

"그럴 경우에는 내가 아이를 차에 태워다 주겠소."

아빠의 목소리였다. 깜짝 놀라서 돌아다보니 아버지가 바로 내 등뒤에 서 있었다.

"날씨가 나쁠 때는 도움을 받는 아이들이 많지요."

아버지가 덧붙였다. 나 또한 그런 생각을 했었지만, 자

아빠와 함께 신문배달을
79

존심 때문에 아버지에게 그런 말을 하지는 않았었다.

보급소장은 머리를 긁적이면서 아버지를 찬찬히 뜯어 보더니 다시 나에게로 시선을 돌렸다.

"좋아, 그러면 너에게 30일 동안 일을 맡겨 보겠다. 그러나 만일 네가 일을 잘 해내지 못한다는 생각이 들면 다른 아이를 구하겠다. 괜찮겠니?"

말을 마친 보급소장은 나에게 손을 내밀었다.

나는 아버지를 흘끗 바라보았다. 갑자기 아버지가 전과는 전혀 다른 사람으로 보였다. 내가 난처한 입장에 빠졌을 때 전혀 뜻밖에도 아버지가 나서서 나를 구해줬던 것이다. 다정한 미소를 띠고 고개를 끄떡이는 아버지를 보니 든든하기 이를 데 없었다.

"네, 괜찮습니다."

보급소장에게 조그만 손을 잡힌 채 내가 대답했다.

"언제부터 시작할 수 있겠니?"

환한 미소가 나의 얼굴에 퍼졌다.

"지금 당장요!"

3년 뒤, 우리 집이 다른 곳으로 이사하게 되어 나는 좋아하는 신문배달을 그만둬야 했다. 그러나 나는 귀중한 그 무엇을 마음 속에 간직하게 되었다. 나는 아버지를 발견했고, 아버지는 나를 발견했던 것이다. 우리는 함께 기회를 포착했고, 또 함께 그 일을 해냈던 것이다.

선생님, 나의 선생님
이해한다는 것은 재물 중의 재물이 아닐까요

테디 스탈라드는 톰슨 선생님 반 아이였습니다. 테디는 '최악의 학생'으로 평가받았지요. 공부에는 관심이 없고, 쭈글쭈글하고 냄새나는 옷에, 머리는 한 번도 빗은 적이 없고, 무표정한 얼굴에 눈동자마저 초점이 없었습니다. 거기에 매력도 없고 의욕도 없는 데다 친구조차 없는 아이였습니다.

아무도 그런 테디를 좋아하지 않았지요. 톰슨 선생님조차도 모든 반 아이들을 똑같이 사랑한다고는 했지만, 그 말이 완전히 진심은 아니었습니다.

그녀는 테디에 관한 가정 환경 조사서를 이미 본 상태라 알고 싶지 않았던 것도 알고 있었지만 좀더 자세히 알았어야 했지요. 그 기록에 보면 테디는, 착한 아이였지만 가정의 보살핌을 거의 못 받고 있다는 걸 알 수 있었습니다. 어머니는 일찍 돌아가셨고, 아버지는 집안일에 통 관심이 없었습니다.

크리스마스가 가까워오자, 반 아이들은 학교로 선물을 가져왔습니다. 물론 테디도 가져왔지요.

선물을 열어 볼 시간이 되자, 선생님은 누런 종이에 스카치 테이프를 붙여 포장한 테디의 선물을 풀어보았습니다. 그 속에는 조잡한 라인석이 박힌 팔찌 하나와 싸구려 향수 한 병이 들어 있었지요. 게다가 팔찌에 박힌 라인석도 반쯤은 빠지고 없었습니다.

이윽고 아이들은 낄낄거리기 시작했지요. 그러나 선생님은 그런 것에는 아랑곳하지 않고, 팔찌를 팔목에 끼고 향수를 팔목에 찍어 바른 뒤, 아이들에게 냄새를 맡게 했습니다. 선생님은 말했습니다.

"얘들아, 이 팔찌 정말 멋있지 않니?"

이런 선생님의 신호에 맞추어, 아이들은 세상에서 제일 좋은 향수의 냄새를 맡으며, 세상에서 제일 좋은 팔찌를 구경이라도 하듯이, 감탄사를 연발해 주었습니다.

그 날 오후, 아이들이 다 돌아가고 난 다음 테디는 천천히 톰슨 선생님에게 다가와 말했습니다.

"저, 선생님……선생님한테서 엄마 냄새가 나요……그 팔찌는 엄마 거였는데, 선생님한테 정말 잘 어울리네요."

이제 톰슨은 예전의 선생님이 아니었습니다. 바로 하나님의 대변자가 되었지요. 특히 테디와 같이 열등한 학생들에게는 더욱 그랬습니다. 그 선생님은 정말로 아이들을 모두 다 사랑하기 시작한 것입니다. 그 일로 테디도 완전히 변화되었습니다.

그 뒤, 오랜 시간이 지난 어느 날, 톰슨 선생님은 테디로부터 편지 한 통을 받았습니다.

사랑하는 톰슨 선생님, 지금 저는 수석으로 대학을 졸

업하게 되었습니다. 이 사실을 제일 먼저 선생님께 전해
드리고 싶어서 편지 드렸습니다.

　　　　　　　　　　　　사랑하는 제자 테디 올림.

그로부터 4년 뒤, 또 한 통의 편지를 받았습니다.

　사랑하는 톰슨 선생님, 저 시어도어 스탈라드가 의학
박사가 되었답니다. 기쁘시죠? 그리고 선생님께 또 다른
한 가지 사실을 제일 먼저 알려 드리고 싶습니다. 저 다
음달 27일에 결혼합니다. 오셔서 제 어머니께서 살아 계
셨더라면 앉으셨을 자리에 앉아 주실 수 있으시겠습니
까? 그리고 아버지께서 그만 돌아가셨답니다. 이제 선생
님은 제게는 단 하나뿐인 가족이세요.

　　　　　　　　　　사랑하는 제자 테디 스탈라드 올림

테디의 결혼식장에서, 톰슨 선생님은 바로 테디가 말한
어머니의 자리에 앉아 테디의 결혼식을 지켜보았습니다.

선생님, 나의 선생님

바지에 오줌을 쌌어요

생명은 자연의 가장 아름다운 발명품이며
죽음은 더 많은 생명을 얻기 위한 자연의 계교입니다

내가 처음이자 마지막으로 학교에서 바지를 적셨을 때, 내 나이는 여섯 살이었습니다. 고아원 선생님들은 정해진 시간에만 화장실을 사용하도록 했기 때문에, 나는 학교에서도 화장실에 가고 싶을 때 선뜻 말을 하지 못했던 것입니다.

나는 자리에 앉아 다리를 비비꼬고 끙끙거리며 종이 울리기만 기다렸습니다. 그렇지만 배가 점점 아파 왔습니다. 도저히 더 이상 참을 수 없게 되었을 때, 조금만 누려고 했습니다. 그런데 한 번 나오기 시작하자 줄줄 멈춰지지가 않는 것이었습니다.

내 뒤에 앉은 아이가 큰 소리로 웃었습니다. 그러자 무슨 일인가 궁금해하던 반 아이들이 다 알아차리고 웃기 시작했습니다. 선생님이 나보고 앞으로 나오라고 손짓하시더니 신문지를 몇 장 주면서 무릎을 꿇고 교실 바닥을 닦으라고 하셨습니다. 오줌은 내 의자부터 시작해서 줄줄이 떨어져 있었습니다. 나는 다른 아이들처럼 웃으려고 애썼지만, 마음대로 되지 않았습니다. 너무나 창피했습니다. 나는 신문지를 들고 아주 천천히 바닥을 닦았습니다. 어서

종이 울리기를 기다리면서.

마침내 종이 울리자, 애들은 밖으로 나갔습니다. 아이들이 내 곁을 지나가면서 놀려댔습니다. 선생님은 부끄러운 줄 알아야한다면서 수업이 시작되어도 하루종일 복도에 서서 벌을 받아야 한다고 하셨습니다.

나는 바닥을 다 닦고 나서 복도에 나와 있었습니다. 아이들 보기에 창피해서 운동장에도 나가지 못했지요. 수업 시작종이 울리자, 아이들이 교실로 들어오기 시작했습니다. 나는 재빨리 화장실로 들어가 주위가 조용해질 때까지 변기 위에 앉아 있었습니다.

그리고 수업이 시작되었을 때 화장실을 빠져나와 복도를 지난 다음 학교에서 나와 버렸습니다. 나중에 선생님이 고아원에 전화를 걸 테고, 그렇게 되면 회초리로 흠씬 두들겨 맞겠지요.

그래서 나는 멀리 달아나 다시는 돌아오지 않겠다고 결심하면서 발길 닿는 대로 무작정 걸었습니다.

이웃 동네를 어슬렁어슬렁 걷고 있는데, 어떤 집의 차고 문이 열려 있고, 그 벽에 소총이 걸려 있는 것이 보였습니다. 나는 차고로 천천히 들어가서 주위를 둘러보고 그 총을 움켜잡았습니다. 그리고는 있는 힘을 다해 학교로 달려왔습니다.

나는 숲속으로 들어가 풀밭에 누워 있다가 일어나서 교실을 바라보았습니다. 거기서는 우리 교실이 훤히 들여다보였습니다. 나는 탄약이 제대로 들어 있는지 확인해 보았습니다. 앞으로 어떻게 해야 할지 어디로 가야 할지 도무지 알 수가 없었지만 학교나 고아원으로 돌아가고 싶지 않다는 것은 분명히 알 수 있었습니다. 사람들이 나를 비웃고 놀리는 것은 더이상 참을 수 없었으니까요.

나는 지나가는 차 소리와 숲 속에서 지저귀는 새 소리에 귀를 기울이면서 잠시 서 있었습니다. 그러다가 총을 들고 교실 유리창에 겨누었습니다. 한 아이, 한 아이를 겨누어보다가 지나가는 차들에게도 겨누어 보았습니다.

마침내 나는 결정했습니다. 한 곳에 총을 겨누고 숨을 죽이며 노려보았습니다. 그리고 눈을 꼭 감고 방아쇠를 당겼습니다. 찰칵 소리와 함께 쾅 소리가 났습니다. 그러자 나는 땅바닥으로 나동그라졌습니다. 잠시 뒤 다시 일어나 총을 바닥에 내던졌습니다.

온몸이 땀으로 흠뻑 젖었습니다. 나는 속옷을 벗어 얼굴과 눈을 닦았습니다. 울컥 메스꺼운 느낌이 들었습니다. 잠시 뒤 다시 일어나 마음을 가다듬고 천천히 숲속으로 걸어갔습니다. 내가 총을 겨눈 그 자리로요.

나는 피투성이의 물체를 가만히 바라보다가 무릎을 꿇었습니다. 그리고는 땅바닥에 엎드려 엉엉 울었습니다. 나는 푸른 하늘 위에 둥둥 떠다니는 흰 구름을 바라보았습니다. 그리고는 다시 땅을 내려다보았습니다.

나는 한참 동안 거기에 누워 있었습니다. 내 머리 옆에는 검붉은 물체가 함께 누워 있었습니다. 부상당한 물체는 아직도 따뜻했습니다. 마침내 건드릴 용기가 생기자, 나는 난생 처음으로 죽어 있는 그 몸을 만져보았습니다. 내 단 한 번의 판단 착오로 목숨을 잃고 엉망이 된 그 몸은 아직도 온기를 간직하고 있었습니다. 그 촉감은 평생 잊을 수가 없을 겁니다.

빨간 날개를 가진 블랙버드였습니다. 나는 총을 그 집에 도로 가져다 놓았습니다. 그 날 저녁, 나는 고아원에 돌아가서 흠씬 두들겨 맞았습니다. 죄 없는 생명을 죽인 여섯 살 난 아이에게는 마땅한 벌이었지요.

그때까지 나는 사랑해 주는 사람이 아무도 없는 고아가 되는 것보다 더 나쁜 것은 없다고 항상 생각했습니다. 그리고 그 다음 나쁜 것은 바지가 젖었다고 놀림받는 것이라고 생각했습니다. 하지만 그 날 나는 이 세상에서 가장 나쁜 게 뭔지 알게 되었습니다. 그것은 바로 내 두 손에 생명을 잃은 몸을 들고 있는 것, 그리고 그것을 내가 죽였다는 사실을 아는 것입니다.

이제 어른이 된 나는 그 때 일을 되돌아봅니다. 빨간 날개의 블랙 버드의 죽음과 그 잊을 수 없는 촉감을.

바지에 오줌을 쌌어요

벚꽃나무 아래에 약속의 보물을 묻어라

봄바람에 스커트를 펄럭이며 서 있어라. 바람의 힘을 내 안으로 흡수하기 위해.

벚꽃나무 아래에서 친구와 함께 약속의 보물을 묻어라.

새 구두를 시험 삼아서 신어 봐라. 또각또각 소릴 내면서 마루 위를 신나게 걸어라.

바람 부는 날을 골라서 벚꽃을 구경하러 가라. 벚꽃나무 밑에 서서 나뭇가지를 올려다보며 꽃잎 눈보라를 온몸으로 맞아라. 싹이 튼 조그마한 녹색 생명들의 부드러운 이파리를 손바닥으로 어루만져라. 벚꽃잎이 부드럽게 떨어져 쌓인 곳에 쪼그려 앉아 꽃잎들을 양손 가득 떠서 올려라. 보슬보슬한 그 꽃잎들을 만져 봐라.

문득 밤하늘을 올려보았을 때, 녹아들 것 같은 봄날의 노란색 달을 발견하면 그것을 한 입 먹어 보는 상상을 해라. 커스터드 크림처럼 달콤할까? 옥수수 수프처럼 걸쭉할까? 바나나 주스처럼 향긋할까?

예쁜 꽃다발 무늬가 프린트된 밝은 색 플레어스커트를 사러 가자.

와플을 구워 보아라. 맛있는 냄새로 채워진 방 안에서 메이플 시럽을 듬뿍 뿌리고 하얀 사워크림을 곁들여 친구와 함께 입 안 가득 베어 먹어라. 입술에 묻은 달콤한 시럽도 남기지 말고, 할짝할짝.

욕조에서 책을 읽어라. 가까운 곳에 차가운 탄산 미네랄

워터를 준비해 두고.

저 먼 아시아 산간벽지의 한 나라에 대해 생각해 봐라. 텔레비전도 라디오도 전자레인지도 없는 그런 곳. 지붕이 낮은 집과, 뜰에서 펄럭이는 빨랫감, 부엌에서 뜨거운 김을 내뿜고 있는 죽. 그곳에 살고 있는 만나 본 적이 없는 내 또래 친구를 떠올려 보아라. 지금 그 친구는 무엇을 하고 있을까.

가위를 들고 봄풀을 채집하러 가 보자. 괭이밥, 민들레, 개불알풀, 제비꽃, 개망초, 뱀딸기, 냉이, 클로버……. 아스팔트 틈새에서 자라난 녹색 별꽃. 싹둑 잘라서 테이블 위에 놓아보자.

해질 무렵 노란 유채꽃 길에서 노래를 불러라.

봄꽃의 이름, 새의 이름을 도감에서 찾아봐라. 자주 지나다니는 길가에 피어 한들거리는 들꽃들을 이름으로 부를 수 있도록. 전깃줄에 앉아 봄노래를 부르는 새들을 이름으로 희롱할 수 있도록.

하루면 완성할 수 있는 고무줄 바지나 앞치마를 만들어 봐라.

재스민 꽃 한 송이를 장식해 둔 침실에서 잠들어라. 새로운 사랑의 꿈을 꾸기 위하여. 향수를 뿌린 듯 꽃향기로 가득한 한밤중에.

샤카의 세 이야기

모든 말을 초월하는 동정은
사랑하는 가슴속에 숨어있습니다

샤카가 어느 집에 거지 모습으로 나타나 동냥을 구했다. 그 집 주부는 차갑게 거절했다.

"우리 집에는 우리가 먹을 밥밖에 없어요."

"그러면 차라도 한 잔 베풀어 주십시오."

"거지가 차를 마시다니 당치도 않아요. 물도 과분하지."

"그러면 물 한 모금 베풀어 주십시오."

"거지 주제에 말이 많군요. 앞의 강에 물이 얼마든지 있으니 떠마시지 그래요."

샤카는 홀연히 모습을 바꾸었다.

"참으로 무자비한 사람이로구나. 밥 한 술 베풀어 주었다면 이 탁발에 금을 가득 담아 주려고 했다. 차를 베풀었다면 은을 가득 담아 주었을 것이다. 물 한 모금 주는 친절이라도 있었다면 동을 가득 줄 작정이었는데, 너는 친절한 마음이 전혀 없구나. 그래서는 행복을 얻지 못할 것이다."

"아, 당신은 석가님이 아니세요. 드리겠어요. 드리겠어요."

"아니, 이익을 염두에 두고 베푸는 것에는 독이 섞여 있

여자가 놓쳐서는 안될 1%찬스

90

으니 사양하겠다."

샤카는 돌아가 버렸다.

집으로 돌아온 주부의 남편은 그 이야기를 듣고 나무랐
다.

"바보 같은 여편네야, 어째서 밥 한 그릇 가득 드리지
않았소. 금으로 가득 되돌려 받았을 텐데."

"그것을 알았다면 열 배라도 드렸을 거예요."

"좋아, 내가 가서 금으로 바꿔 오지."

그리고 샤카의 뒤를 쫓아갔다.

한참 걸어가 지칠 무렵 길이 두 갈래로 갈라졌다.

마침 길가에 거지가 앉아 동냥하고 있었으므로 그는 물
었다.

"석가님이 지나가시는 걸 보았니?"

"전혀 모르겠습니다만…… 나는 배가 고파 움직일 수도
없습니다. 뭐든지 먹을 것을 좀 베풀어 주십시오."

"나는 너에게 뭘 베풀어 주려고 온 게 아니다. 금을 얻
기 위해 온 것이다."

그 때 샤카가 모습을 바꾸어 말했다.

"그 아내에 그 남편이로구나. 가엾이 여기는 마음이 없
는 자는 은혜도 받을 수 없느니라."

"당신이 석가님이셨습니까? 당신에게 드리려고 가져왔
습니다."

"아니, 명예나 이익을 위한 보시에는 독이 섞여 있으므
로 사양하노라."

감연히 말씀하시고 샤카는 떠나갔다.

샤카의 세 이야기

샤카의 10대 제자 가운데 한 사람인 주리반특(周梨槃特)은 자신의 이름도 잘 모르는 바보였다.

견디다 못한 형이 그를 집에서 쫓아냈다.

문 앞에서 울고 있는 그에게 샤카가 친절하게 물었다.

"어찌 그리 슬프게 우느냐?"

그는 솔직하게 모든 것을 이야기했다.

"나는 어째서 이토록 바보로 태어났을까요?"

그는 훌쩍훌쩍 울었다.

"슬퍼할 필요없다. 너는 자신이 바보라는 걸 알고 있잖느냐. 세상에는 자기가 현명하다고 생각하는 바보가 많다. 자신이 바보인 줄 아는 것은 깨달음의 첫걸음이니라."

샤카는 그를 상냥하게 위로하며 빗자루 하나와 '먼지를 털고, 때를 없앤다'라는 말씀을 주셨다.

주리반특은 청소하면서 주어진 성어(聖語)를 필사적으로 외우려고 했다.

'먼지를 털고'를 외우면 '때를 없앤다'를 잊어버리고, '때를 없앤다'를 기억하면 '먼지를 털고'가 생각나지 않았다.

그러나 그는 그것을 20년 동안 계속했다. 그동안 꼭 한 번 샤카로부터 칭찬을 들었다.

"너는 여러 해를 두고 청소를 계속하면서도 숙달되지 않았다. 그런데도 싫증내지 않고 같은 일을 계속하고 있구나. 숙달되는 것도 중요하지만, 끈기있게 같은 일을 계속하는 것은 더 중요하다. 이것은 다른 제자들에게서 찾아볼 수 없는 뛰어난 장점이다."

샤카는 그의 외곬스러운 정진을 높이 평가했던 것이다.

이윽고 그는 티끌이며 먼지는 있다고 생각되는 곳에만 있는 게 아니고 전혀 뜻밖의 곳에도 있음을 깨닫게 되었다.

"나는 내가 어리석은 바보라고 여기고 있었지만, 내가 미처 깨닫지 못한 곳에 나의 어리석음이 얼마나 있는지는 알지 못했다."

이 사실을 알아차리고 그는 매우 놀랐다.

그리하여 그는 마침내 아라한(阿羅漢)의 깨달음을 얻었던 것이다.

좋은 스승, 좋은 설법을 만나 오랜 세월 노력하고 정진하여 얻은 결실이라 아니할 수 없다.

*

샤카가 수행하던 때의 일이다.

상처입은 비둘기가 날아와 애원했다.

"저는 지금 독수리의 습격을 받고 있어요. 부디 살려 주세요."

바르르 떨고 있는 비둘기를 두 손으로 안아올려 샤카는 가슴 속에 품었다.

조금 뒤 나타난 굶주린 독수리는 주위를 둘러보며 샤카에게 물었다.

"이곳에 비둘기가 오지 않았습니까?"

"비둘기는 내 품 속에 있다."

독수리는 마음놓으며 말했다.

"아, 이제야 살았구나. 부디 비둘기를 내주십시오. 제가 굶어죽기 직전에 겨우 발견한 비둘기입니다. 그것을 놓치면 죽을 수밖에 없습니다."

난처해진 샤카는 중대한 결심을 했다.

"독수리여, 너의 굶주림은 비둘기가 아니어도 채울 수 있지 않느냐."

"그렇습니다. 그것과 비슷한 고기 조각만 있으면 저는 살아날 수 있습니다."

"그러면 비둘기와 같은 분량의 고기를 내가 줄 터이니, 비둘기를 살려 주겠느냐."

고개를 끄덕이는 독수리에게 샤카는 자신의 허벅지 살을 베어내 비둘기의 무게와 견주어 보았으나 아직 모자랐다.

다른 한 쪽 허벅지의 살을 베어내 재 보았으나 여전히 모자랐다. 그래서 몸 여기저기의 살을 베어내 독수리에게 주었다.

가까스로 굶주린 배를 채운 독수리는 기뻐했고, 죽음을 면한 비둘기도 기뻐했다. 샤카도 또한 두 생명을 구한 일로 함께 기뻐했다.

겸손한 마음

겸손은 사랑받는 우리 자신에 대한 인격입니다.
자신을 낮추고 상대를 바라보세요.

　이탈리아 남부, 어느 외딴 마을에 의좋은 두 소년이 살고 있었다. 그 지방 유지의 아들인 마리오와 구두 수선공을 아버지로 둔 안젤모였다.

　이런 신분 차이에도 두 소년은 늘 함께 어울려 다녔다. 물론 재주있고 집안 좋은 마리오는 대장이고, 안젤모는 그의 충성스런 부하 역할에 만족하고 있었지만.

　둘이 어울려 다니는 동안 마리오는 안젤모에게 이따금 자기 앞날에 대해 진지하게 이야기하곤 했다. 신앙심 깊은 마리오의 아버지는 아들을 성직자로 만들 생각이었다. 마리오 역시 장엄하고 화려한 미사 전례에 언제나 감명받아 오던 터라 아버지의 그 소망에 반대할 생각은 없었다. 한 가지 욕심을 보탠다면 위대한 강론자가 되고 싶었다.

　해가 쨍쨍 내리쬐는 무더운 날, 두 소년은 산 중턱 덩굴속에 누워 있었다. 푸른 하늘을 유유히 떠도는 흰 구름을 바라보며 온갖 공상에 잠겨 있던 마리오가 문득 중얼거렸다.

　"아, 내가 말 잘하는 재주를 가졌다면 얼마나 좋을까."

　옆에 나란히 누워 있던 안젤모는 마리오의 이 말을 듣고 깊은 애정어린 눈으로 그를 바라보았다.

겸손한 마음

"마리오, 네게 그런 재주를 달라고 내가 하느님께 매일 기도할게."

이 어울리지 않는 대답—안젤모는 그때까지 그리 신앙심 깊은 소년이 아니었다—을 들은 마리오는 저도 모르게 그만 웃음을 터뜨리고 말았다. 그리고는 곧 자기의 경박함을 미안하게 생각해서인지 사과하듯 안젤모의 가냘픈 두 어깨를 팔로 가만히 껴안았다.

"고마워. 하지만 난 역시 수사학부터 배워야 할 것 같아."

그 뒤 얼마 안 되어 마리오는 소원대로 카르친스 수도원에 들어가게 되었다.

친구가 수도원으로 들어간 뒤 혼자 남은 안젤모는 무료한 나날을 보냈다. 떠나간 친구 마리오 생각에 견디다 못한 안젤모는 크게 결심하고 마리오가 들어간 수도원을 찾아갔다. 애걸하다시피 사정하여 머슴살이나 다름없는 평수사가 되었지만, 안젤모는 사랑하는 친구 곁에 있게 된 것만으로도 매우 흡족했다.

그러나 맡은 일이 서로 다른 만큼 한 지붕 밑에 있어도 별로 만날 기회는 없었다. 간혹 안젤모가 밭일을 하거나 가축을 돌보며 수도원 뜰이나 마루를 청소하는 때를 틈타 찾아온 마리오와 몇 마디 말을 주고 받을 수 있을 뿐이었다.

마침내 마리오가 공부를 마치고 사제 서품을 받는 날이 왔다. 때마침 부활절 주일을 맞아 마리오는 취임강론을 하게 되었다.

취임강론에 대한 생각으로 무거운 머리를 내려뜨리고 마

리오가 수도원 복도를 천천히 걸어가고 있을 때였다. 누군가 한구석에 몸을 숨기고 있다가 앞으로 불쑥 나서며 나지막한 목소리로 말했다.

"성공을 비네, 마리오. 나도 거기 있을 거야. 자네를 위해 기도하면서……."

안젤모였다. 마리오는 잠깐 동안이지만 안젤모의 손을 굳게 잡고 흔들었다.

이튿날 아침이 되어 마리오는 제단에 섰다. 그는 좌중을 한 바퀴 둘러 보았다. 누구보다 먼저, 제단 아래 본당 신자석 귀퉁이 기둥 사이에 끼어 자기를 뚫어지게 올려다보고 있는 안젤모의 모습이 눈에 띄었다. 마리오는 안젤모의 눈길에서 소리없는 격려와 더불어 당황한 마음을 가라앉혀 주는 묵직한 신뢰의 마음을 읽었다.

그는 최선을 다해 강론했다. 열정적인 강론이었다. 모든 신자들이 그 오랜 역사를 가진 수도원에서 그보다 더 훌륭한 강론은 들어 본 일이 없다고 할 만큼 취임강론으로서 나무랄 데 없는 성공을 거두었다.

그 뒤로도 마리오는 그 취임강론 때보다 더 유창하고 힘 있는 강론으로 사람들을 감동시켰고, 그가 강론할 때마다 제단 아래 기둥 뒤에 숨어 있는 평수사 안젤모는 보람에 찬 눈물을 흘리곤 했다.

차츰 명강론자로서 마리오의 명성이 높아갔다. 다른 성당으로부터 강론 초청이 있을 경우 수도원장은 이를 쾌히 승낙했다. 출장 강론에는 반드시 수도원 수도사 중 한 사람이 같이 가게 되어 있어 마리오는 그때마다 안젤모와 함

겸손한 마음

께 가곤 했다.

　세월이 흐르는 동안 두 사람은 온 이탈리아를 함께 여행했다. 그동안 마리오는 본당 주임신부가 되었으며, 왕의 상임 강론자가 되었고, 마침내 아브루조의 주교로 뛰어 올랐다.

　마리오는 주교관에서 귀족 부럽지 않은 생활을 했다. 그는 신도들의 찬사를 한몸에 받고, 추기경들도 그와의 친교를 바랐으며, 귀족들 또한 그의 환심을 사려 할 만큼 위세가 대단했다. 이와 더불어 풍채도 당당해지고 거동 역시 그에 못지않은 위엄을 갖추어 갔다.

　그렇지만 가는 세월은 막지 못해 마리오 역시 등이 굽고 몸도 움츠러든 노인이 되었다. 그리고 한 가지 옛날과 달라진 점이 있었다. 아직도 자신을 희생하는 온유함으로 그의 찬란한 제의를 정성껏 챙기고, 보석으로 장식된 구두쇠를 닦고, 정성스럽게 초콜릿술을 담그고, 절대적인 복종을 아끼지 않는 보잘것없는 평수사 안젤모를 이제 까맣게 잊고 본체만체하기에 이르렀던 것이다.

　그러던 어느 일요일, 여느 때처럼 그는 강론을 하고 있었다. 그런데 왠지 모르게 가슴 한구석이 허전한 기분을 느꼈다. 이상하고도 불안한 감정이었다. 문득 아래를 굽어보니 당연히 그 자리에 있어야 할 안젤모의 모습이 보이지 않았다.

　순간 놀라움 때문에 강론을 멈췄지만, 그는 곧 정신을 차리고 겨우 하던 이야기의 줄거리를 다잡을 수 있었다. 다행히 그 때는 강론이 거의 끝나갈 무렵이었다.

강론이 끝난 다음 그는 급히 안젤모를 찾도록 명령했다. 그러나 아무도 대답하는 사람이 없었다. 잠시 침묵이 흐른 뒤 한 늙은 사제가 앞으로 나와 그에게 조용히 말했다.

"15분 전에 숨을 거두었습니다."

주교의 얼굴에 경악과 믿어지지 않는다는 표정이 지나갔다.

"여러 달 동안 그는 불치병으로 고생해 왔습니다. 그러나 주교님이 아시면 걱정하실까 염려되어 아무 말 하지 않고 지금껏 아픔을 참아 온 것입니다."

순간 마리오의 가슴 속에 슬픔이 치솟았다. 하지만 그러한 슬픔보다 더 강하게 느낀 것은 자기가 무엇인가 큰 것을 잃은 듯한 이상한 기분이었다.

목소리를 바꿔 그는 말했다.

"나를 그에게로 데려다 주시오."

그는 곧 마구간 뒤의 조그만 골방으로 안내되었다.

짚으로 덮인 판자침대 위에 늘 입던 옷에 감싸인 안젤모가 마치 잠든 듯 누워 있었다. 그 모습 속에는 늙은 마리오로 하여금 어릴 때의 추억을 불러 일으키게 하는 안젤모의 예전 모습이 그대로 남아 있었다.

주교는 입술을 깨물고 한동안 깊은 생각에 잠겼다. 이 찢어질 듯한 안젤모의 빈궁함과 화려하기 그지없는 자기 처소를 비교해 보기라도 하는 것일까?

이윽고 그는 사제를 돌아다보았다.

"그는 줄곧 이곳에서 살았소?"

"그렇습니다."

겸손한 마음

"하루하루 어떻게 지냈지요?"

늙은 사제는 이상하다는 듯이 주교의 얼굴을 바라보았다.

"주교님을 받들며 살았습니다."

"그것 말고 말이오."

"쉴 틈이 거의 없었습니다. 그는 날마다 동산에서 자기 밥그릇으로 새들을 먹이고, 가끔 성당 밖에 있는 어린애들과 이야기를 주고 받았습니다. 성당 부엌에서는 거지떼를 기르다시피 했고, 그러면서 줄곧 기도를 올렸습니다."

주교는 그 말이 이상스러운 듯 되물었다.

"기도를 올렸다고?"

"그렇습니다. 평수사치고는 유난히 많은 기도를 했습니다. 그리고 왜 기도를 그렇게 많이 하느냐고 물으면 그는 언제나 얼굴에 미소를 띠고 속삭이듯 말했습니다. '훌륭한 목적이 있어서'라고."

주교의 얼굴에 착잡한 표정이 스치고 지나갔다.

그러나 비록 그동안 자기가 평수사 안젤모의 가치를 정당하게 평가하지 못했다 하더라도 그는 계속 여기 머물러 자신을 질책할 여유가 없었다. 그는 그 날 성 베드로 대성당에서 대주교가 된 뒤 해야 할 첫 강론을 위해, 로마로 떠나지 않으면 안 되었다.

다음 날 성 베드로 대성당의 제단에 올라섰을 때, 크고 화려한 그 성당은 그의 명성을 듣고 몰려온 사람들로 가득차 있었다.

그 강론은 그가 오래 기다려온 영예인 동시에 자랑할만

한 생애 가운데 가장 빛나는 순간이었다.

　그러나 그 숨소리 하나 들리지 않는 많은 사람들을 향해 강론을 시작했을 때, 웬일인지 그의 말은 여느 때처럼 부드럽게 흘러나오지 않았다. 사람들의 놀라움과 실망은 대단했다. 주교의 이마에는 땀이 스며나오기 시작했다. 절망을 느끼며 그는 아래를 내려다 보았다. 그러나 제단 밑 어느 곳에도 열중하여 자기를 바라다보는 눈은 없었다.

　마리오는 당황한 가운데 더듬더듬 강론을 끝내고 말았다. 온몸으로 부끄러움을 느끼며 그는 성 베드로 대성당을 빠져 나왔다. 자존심이 상한 그는 그런 보잘것없는 환상이 자기를 곤경에 빠뜨린 데 울화가 치밀었다.

　그는 정성을 다해 다음 강론을 준비했다. 자기 같은 아브루즈 교구의 주교가, 이탈리아 제일가는 강론자가, 보잘것없는 평수사 덕분에 오늘날 같은 명성을 누리게 되었다는 생각은 있을 수 없다고 몇 번씩 마음 속으로 다짐했다.

　그러나 다음 강론 역시 생기없는 허무한 강론이 되고 말았다. 그 같은 파괴적인 강박관념이 계속 그를 놓아 주지 않았고, 오히려 점점 더 악화되어 갔다.

　마침내 그는 건강마저 잃어 부축을 받으며 겨우 제단을 내려올 수 있었다. 그는 제단을 내려오며 더듬더듬 중얼거렸다.

　"그것이 옳아……. 그가 본체요, 나는 단지 그 빈 껍데기에 불과했어."

　의사들은 그를 진찰하고 나서 과로로 완전히 건강을 잃어 버렸으니 피레니스 같은 고지대에 가서 잠시 쉬는 게

겸손한 마음

좋다고 말했다.

그러나 마리오는 고개를 저었다. 그리고 피레니스보다는 자기가 처음 사제 서품을 받았고 안젤모가 자기를 섬기기 시작한 그 수도원, 그 보잘것없는 평수사가 죽어 묻혀 있는 그 수도원으로 가겠다고 했다.

그는 그 수도원에서 은둔생활을 시작했다.

명상에 잠겨 수도원 안을 산책하거나, 안젤모가 묻힌 올리브 나무 밑 그늘진 무덤을 찾는 게 그의 일과였다. 그러는 동안 그의 마음 속에 큰 변화가 일기 시작했다. 육신의 오만함이 사라지고 사람을 대하는 태도가 몰라보게 부드러워졌다.

어느 날 오후, 평수사 안젤모의 무덤 앞에 무릎을 꿇고 앉아 있는 마리오를 수도원장이 찾아왔다. 수도원장은 땅바닥에서 일어서는 마리오의 어깨에 손을 올려 놓았다.

수도원장은 존경 반 애정 반의 표정으로 미소지으며 마리오에게 말했다.

"그대는 옛날 그 웅변을 되돌려 주십사 하고 기도하는 모양이군."

"아닙니다. 저는 그보다 더 큰 은혜를 주십사고 기도합니다."

그의 맑은 눈이 수도원장의 얼굴을 바라보았다.

"바로 겸손한 마음입니다."

우리 삶에 신(神)이란 무엇인가

그대는 무엇으로 사는가
왜 신을 찾는가. 신은 어디에 있는가
신은 인간의 가슴 속에 스스로의 모습을 비칩니다.

'삶이란 무엇인가. 신은 어디에 있는가. 그리고 신은 왜 필요한가.'

나는 신을 찾아 헤아릴 수 없이 많은 전생을 헤매고 다녔다. 이따금 먼 별에서 신의 섬광을 얼핏 보기도 했다. 그러면 나는 그 별을 향해 달려갔다. 하지만 내가 거기에 도달하면 신은 저만치 다른 곳에 있었다. 나는 신의 춤을 보았고 신이 부는 피리 소리를 들었지만 신은 너무나도 멀리 있었다.

그래도 나는 계속 신에 대한 탐구를 멈추지 않았다. 그 것은 하나의 도전이었다. 마침내 나는 신의 집에 도달했다. 나는 그 동안의 여행이 헛된 게 아니었다는 기쁨으로 가득 찼다. 이제 남아 있는 문제는 몇 걸음만 더 걸어가 문을 두드리는 일뿐이었다.

그러나 막 문을 두드리려는 순간 내 손은 마비된 것처럼 멈추었다. 왜냐하면 별안간 이런 생각이 떠올랐기 때문이다.

'만약 신이 문을 연다면 그를 만나게 된다. 그 다음에 무엇을 할 것인가? 나의 전생애는 끊임없는 탐구의 연속이었다. 신과의 만남은 내게 죽음이 된다. 내가 아는 것은 단지 어떻게 탐구하는가 하는 것이다. 그러나 신과의 만남은 탐구의 끝이 될 것이다. 도전이 없는 삶은 과연 무엇이란 말인가?'

그래서 나는 거기서 살그머니 도망쳤다. 신이 내 발소리를 들을까 봐 두려웠기 때문이다.

그 뒤에도 나는 계속 신을 찾아 헤매었다. 나는 신이 어디에 사는지 안다. 그러면서도 나는 신이 살고 있는 곳이 아닌 다른 모든 곳을 다 찾아다녔다. 끊임없이 찾고 질문하면서……

'신은 어디에 있는가? 신이란 우리 삶에 있어서 무엇인가?'

시련의 열매

역경은 소중한 친구이기도 합니다
그것은 편안한 둥지에서 벗어나
스스로 나는 법을 가르쳐줍니다

나는 소년 시절 그를 처음 알게 되었다. 그는 몸집이 작고 보잘것없는 초라한 소년으로, 죽을 힘을 다해 우리들을 따라다녔다. 스코틀랜드 레번포드 지방의 우리 고향 마을에서 제법 모험을 즐긴다고 뽐내고 다니던 우리 패거리들은 그를 무시했다.

그는 다리를 절었는데, 한쪽 다리가 다른쪽 다리보다 많이 짧아 한쪽 구두창은 두께가 15센티미터나 되는 구두를 신어야 했다. 그는 왜소한 몸집을 잔뜩 긴장시켜 이마에 땀을 흘리며 짧은 다리에 무리가 가지 않게 절뚝거리며 뛰었다.

그러한 그의 꼴을 보고 우리 패거리의 재치꾼이었던 목사 아들 치솜이 '닷트 앤드 캐리'(Dot-and-Carry ; 한 다리가 짧아서 그 다리로는 점찍듯 하고 다른 다리로 몸을 옮긴다는 뜻)란 별명을 붙였는데, 그것이 우리에게는 너무도 그럴싸하게 들렸다. 이 이름이 나중에는 '캐리'로 줄어 버렸지만.

"저기 봐, 캐리가 오고 있잖아? 저 애가 와서 달라붙기 전에 빨리 도망가자."

우리들은 소리치며 달아났다. 그러나 캐리는 여전히 명랑하고 불평 하나 없는 표정으로 우리 뒤를 절뚝거리며 쫓아오곤 했다.

수줍어하면서도 언제나 미소를 잃지 않던 명랑함. 이것이 그의 특징이었는데, 우리는 늘 그 점을 놀렸다. 어린 우리에게 캐리는 괴짜로 보일 수밖에 없었다. 정성껏 꿰매고 손질했지만 그의 옷은 늘 볼품이 없었다. 작은 키에 깡마른 그의 어머니는 술주정꾼의 미망인으로, 남의 가게 청소를 하며 어렵게 살아갔다. 그리하여 치솜은 '캐리 엄마는 충계품팔이'(빨래품팔이에 빗대어 한 말)란 멋진 말로 그의 재치를 또 한 번 발휘했다.

캐리는 집안을 돕기 위해 아침 다섯 시에 일어나 우유 배달을 했다. 우유 배달 때문에 학교에 종종 지각을 했다. 나는 먼 옛날로 되돌아가 지금도 조그마한 절름발이 소년이 교실 한가운데에서 땀을 뻘뻘 흘리며 두려움에 떨고 있는 모습을 똑똑히 기억한다.

그를 괴롭히는 것을 취미로 삼고 있는 듯 보이던 짐승 같은 선생님은 비꼬는 말로 아이들을 웃겼다.

"이런…… 또 늦었단 말이냐?"

"네, 서전—선—생님."

"어디 갔다 이렇게 늦으셨는지요, 각하? 아마 사장님과 아침 식사라도 하셨나 보지요?"

"아, 아, 아니오."

이런 위기에 처하면 캐리는 말을 더듬는 버릇이 있어 그

점이 그를 더욱 괴롭혔다. 그는 한 마디도 더 입을 뗄 수 없었다. 그러면 반 아이들은 선생님의 냉혹한 미소 속에서 웃어도 좋다는 뜻을 알아차리고 폭소를 터뜨리곤 했다.

캐리의 머리가 똑똑했더라면 모든 게 다 괜찮았을 수도 있었다. 스코틀랜드에서는 '똑똑한 아이'에게는 모든 것이 용납되었던 것이다.

캐리의 어머니는 가슴이 찢어질 것만 같았다. 그녀는 자기 아들이 한 분야에서만은 탁월하기를 바랐다. 가난하고 미천한데다 평생 남에게 무시받고 살아 온 그녀의 맹렬한 종교심 속에는 불타는 야망이 자라고 있었다. 그녀는 자기 아들이 스코틀랜드 교회 목사로 임명되는 것을 보고 죽는 게 소원이었다.

캐리는 답답한 기도회보다 넓은 시골의 들판을 더 좋아했다. 그는 숲과 들판과 거기에 사는 야생 동물들을 사랑했고, 산책길에 병들고 다친 동물들을 돌보아 주는 때가 가장 행복했다. 사실 캐리는 의사가 되고 싶었다. 그러나 캐리의 어머니는 소원을 이루지 못하면 차라리 죽어 버리겠다고 맹세한 터였다.

그의 온순한 성품은 어머니 말씀을 따를 수밖에 없어, 고등학교를 졸업한 뒤 신학교에 입학했다. 그들 모자가 어떻게 학비를 댔는지는 하나님만이 아실 것이다. 캐리 어머니는 점점 더 여위어 갔으나 그녀의 깊은 두 눈에는 꺼지지 않는 불꽃이 타오르고 있었다. 캐리는 자기가 하는 공부를 그리 좋아하지 않으면서도 어머니를 생각하며 열심히 했다.

시련의 열매

그리하여 스물네 살이라는 이른 나이에 스코틀랜드 교회 목사로 안수받았다. 우리 고향에서는 청소부 아들이 목사가 되었다고 한동안 떠들썩했다. 그는 우리 교구의 부목사로 내정되어 우선 첫선을 보이는 설교를 하게 되었다.

'젊은 목사'를 보려고 교회 가득 교인들이 모여들었다. 몇 주일 전부터 설교할 내용을 한 마디도 빼놓지 않고 외어 온 캐리는 자신감을 갖고 강단으로 올라갔다. 그는 진지한 목소리로 말을 시작해 몇 분 동안 잘 나갔다.

그런데 갑자기 자기를 향해 얼굴을 쳐들고 앉은 수많은 사람들과 맨 앞자리에 앉아 넋을 잃고 아들을 쳐다보는 어머니를 의식하자 온몸이 마비되어 그때까지의 자신감이 온데간데없이 사라져 버렸다. 그는 머뭇머뭇하다가 순서를 잃어 버리고 말을 더듬기 시작했다. 한번 말문이 막히자 당황해 어찌할 바를 몰랐다.

가엾게도 그는 설교를 계속하려 애썼으나, 사람들의 술렁거림과 의미심장한 미소를 보지 않을 수 없었고, 심지어 킬킬대는 웃음소리까지도 들려왔다. 그리고는 다시 어머니의 얼굴이 눈에 들어온 순간 그는 완전히 무너지고 말았다. 길고 어색한 침묵이 흘렀다. 더듬거리는 말로 찬송가를 부르자고 함으로써 겨우 예배를 끝냈다.

캐리의 어머니는 집에 돌아가자마자 쓰러져서 영원히 다시는 입을 열지 못하게 되었다.

장례식이 끝나자 캐리는 레번포드에서 사라졌다. 그가 어디로 갔는지 아무도 아는 사람이 없었고, 알려고 하는 사람도 없었다. 그는 뭇사람의 멸시 속에 실패자라는 낙인이 찍히고 말았다. 몇 년 뒤 그가 어느 탄광촌의 형편없는 학교에서 교사 노릇을 한다는 소식을 들었을 때, 잠시 동안 나는 일종의 부끄러움에 싸인 슬픈 감정을 느끼며 그를 절망적인 사람, 불행한 운명을 가지고 태어난 사람이라고 생각했다. 그러나 곧 그를 완전히 잊어 버렸다.

내가 에든버러에서 일하고 있던 어느 날 저녁, 해부학 강좌 담당 교수의 제1조교로 일하고 있던 치솜이 내 방에 들어왔다. 그는 씨익 웃으며 말을 꺼냈다.

"자네는 상상도 못할거야. 누가 우리 과에서 해부학 실습을 하고 있는지 알겠나? 바로 우리 옛친구인 닷트 앤드 캐리야."

정말 캐리였다. 삼십이 다 된 나이에 캐리는 의사 공부를 시작했다. 즐겁게 떠들어 대는 젊은 학생들 틈에서 초라한 옷과 절름거리는 걸음걸이와 등이 굽은 캐리의 모습은 정말 어울리지 않았다. 아무도 그에게 말을 거는 사람이 없었다. 그는 빈민가에 방을 하나 얻어 자취하며 교사의 보잘것없는 봉급으로 모은 돈을 아껴 쓰고 있었다.

나는 그 뒤 2년 동안 그의 피눈물나는 노력을 지켜보았다. 그의 나이, 외모, 말더듬는 버릇, 이 모든 것들이 그에게는 불리한 조건이었다. 그러나 그는 지칠 줄 모르고 열심히 해 나갔다. 실패를 두려워하지 않는, 그 옛날의 끈질긴 명랑함과 희망에 찬 용기가 아직도 그에게 남아 있었다.

세월이 흘렀다. 나는 런던으로 자리를 옮겨 캐리와 소식이 끊겼다. 그러나 치솜과는 자주 만나고 있었는데, 잘 생긴데다가 말솜씨가 뛰어난 그는 정치계에서 성공을 거두고 있었다. 그는 국회의원이 되어 모 부처의 차관을 지내고 있었다.

1934년 5월 나는 치솜과 함께 스코틀랜드 고지방에 있는 레녹스로 낚시여행을 갔다. 우리가 든 여관의 음식은 형편없고, 앙상하게 마른 여주인은 괴짜였다. 우리가 도착한 이틀 뒤 그 여자가 가게 마룻바닥에 미끄러져 무릎을 다친 것을 보고 우리는 좀 고소하게 여겼다. 의학도 출신인 우리 두 사람은 그녀의 다친 곳을 치료해 주겠다고 나섰다. 그러나 그녀는 막무가내였다. 자기 단골 의사가 아니면 안 된다면서, 그 단골 의사의 기술과 업적에 대해 열심히 칭찬을 늘어 놓았다.

한 시간 뒤 그 마을 의사가 검은 가방을 들고 나타났는데, 언뜻 보기에도 무척 바쁜 사람 같아 보였다. 그는 환자를 위로하고 진정시킨 다음 자신 있고 날렵한 솜씨로 금방 탈골된 곳을 고쳐 놓았다. 그 다음에야 그는 우리들 쪽으로 몸을 돌렸다.

치솜이 소리쳤다.

"맙소사! 캐리 아닌가?"

정말 캐리였다. 그러나 옛날의 수줍어하고 초라한 모습의 말더듬이 캐리가 아니었다. 그는 이제 자리잡아 안정된 생활을 하는 사람의 조용한 자신감을 지니고 있었다. 우리를 알아보는 순간 그는 따뜻하게 환영하며 자기 집에 와서 저녁을 같이 하자고 초대하였다.

그 날 저녁 그의 집에 들어서는 우리들의 기대감 속에는 흥분과 이상한 불안 같은 것이 뒤섞여 있었다. 캐리가 결혼을 해 아내가 있다는 데 우리는 우선 충격을 받았다. 그에게는 정말 아내가 있었다. 아름답고 시골의 전원 풍경만큼이나 신선한 느낌을 주는 그녀는 우리를 집 안으로 맞아들였다.

남편이 아직 병원에서 수술중이라면서 우리를 아이들이 있는 이층으로 안내했다. 두 딸과 어린 아들이 잠들어 있었다. 우리는 너무나 놀라 아무 말도 못했다.

아래층으로 내려오자 마침 캐리가 다른 두 손님과 함께 들어왔다. 이제 자기 집 식탁에 주인으로 앉아 있는 그는 침착하고 평온한 자세로 위엄있는 주인 노릇을 했다. 그와 함께 온 두 손님은 다 부유해 보였으며, 그를 존경하는 태도를 보이고 있었다.

그 손님들 이야기에서 우리는 여러 가지 사실을 알 수 있었다. 그는 여기저기 널리 흩어져 사는 이들을 돌보고 있었으며, 그의 환자들은 검소하고 말없는 시골 사람들로, 사귀기 힘든 사람들이었다. 그러나 어떻게 해서인지 그는 그들의 신망을 얻고 있었다.

그가 마을을 지나가면 아기를 팔에 안은 어머니들이 쫓아나와 길에 선 채 그에게 조언을 청하곤 했다. 그런 때 그는 그들에게 진료비를 받지 않았다. 그렇게 하지 않아도 그에게는 충분한 수입이 있었다.

가난한 농가에서 밤새워 환자의 생명을 건지기 위해 간호한 이야기도 많았다. 디프테리아로 숨이 막혀 고생하는 어린아이, 폐렴에 걸린 농부, 심한 산고를 당한 양치기의 아내, 이 사람들을 모두 그가 돌보고 위로하고 격려하며 죽음의 그늘에서 구해 주었다.

　현명하고 부드럽고, 최고의 의술과 성품으로 아낌없이 봉사하고, 아무것도 요구하지 않으며, 자기 직업을 사랑하고, 사람들 사랑을 받고 있는 자기 위치를 의식하며, 실패를 두려워하지 않고 끝까지 견뎌 승리를 거둔 이 사나이는 이제 이 지방에 없어서는 안 될 존재가 되어 있었다.

　그 날 밤 늦게 그의 집을 나와 어둠 속을 터덜터덜 걷고 있는 치솜과 나 사이에는 침묵이 흐르고 있었다.
　얼마 뒤 치솜이 몹시 힘겨운 듯 한 마디 했다.
　"드디어 그 친구, 자기 자신을 찾은 것 같군."
　그의 말 속에 깃든 뭔가 젠 체하는 어투가 내 기분을 상하게 했다. 그래서 한 마디 하지 않을 수 없었다.
　"자네 대체 무엇이 되고 싶나? 지금의 자네 자신인가, 아니면 이곳 레녹스의 의사인가?"
　그가 투덜댔다.
　"제기랄! 몰라서 묻는가?"

성모 마리아의 곡예사
민음은 신에게 받은 재능을 이용하도록 이끌어줍니다

콩피에뉴 출신으로 이름이 '바르나비'인 한 가난한 곡예사가 있었는데, 그는 이 마을 저 마을로 재주를 부리며 다녔다.

어느 화창한 날, 그는 광장에 낡은 양탄자를 깔고 옛 곡예사에게서 배운 말을 하나도 바꾸지 않은 채 유쾌하게 떠벌렸고, 아이들과 게으름뱅이들 앞에서 코 위에 접시를 놓고 균형을 잡았다.

다음에는 얼굴을 숙이고 공중에 구리 공을 여섯 개 던졌다. 그 공들은 햇빛에 반짝였고, 그의 발에 다시 잡혔다. 발꿈치와 목덜미가 만나게 하여 바퀴 모양을 만들었고 열두 개의 칼로도 묘기를 부리자, 관중으로부터 찬사가 쏟아졌고 많은 돈이 양탄자 위에 떨어졌다.

그러나 재주로 살아가는 사람들이 대개 그렇듯이 콩피에뉴의 바르나비도 사는 게 어려웠다.

이마의 땀으로 빵은 얻었지만 조상 아담이 저지른 죄값으로 계속되는 벌을 견뎌내야 했다.

그는 하고 싶다고 일을 계속할 수 없었다. 태양의 열기와 빛이 꽃과 열매에게 필수적인 것처럼 그에게도 훌륭한 재능을 보여주는데 그것은 정말 필수적이었다. 겨울에는 잎이 떨어지고 죽은 나무와 별반 차이가 없었다. 언 땅에서는 묘기를 보이기 어려웠고, 매서운 계절은 그에게 추위와 배고픔을 주었다. 그러나 그는 겸손하여 어려움을 참고 이겨냈다.

그는 부의 기원이나 인간의 불평등에 관해 전혀 생각하지 않았다. 지금은 어렵지만 언젠가는 형편이 나아질 것이라는 희망을 잃지 않았다.

그는 영혼을 악마에게 판 욕심많고 사악한 메리 앤드루스를 닮지 않았다. 그는 신의 이름을 모독하지 않고 옳게 살았으며, 아내가 없었지만 삼손 이야기에서처럼 여자는 남자의 강한 적이었기에 이웃 사람을 탐하지 않았다.

사실 그는 천성적으로 세속적이지 않았고, 큰 조끼(뚜껑이나 손잡이가 달린 맥주용 컵)를 내버린 것은 그것을 가져온 헤베(청춘의 여신)보다도 그에게 더 큰 손실이었다. 그는 저주했지만 날씨가 더우면 술 한잔 하기를 좋아했다. 그는 하나님을 경외했고 축복받은 마리아에게 의지했다.

그는 교회에 갈 때마다 여신상 앞에 무릎을 꿇고 기도했다.

"마리아여, 제가 죽을 때까지 잘 보살펴 주옵소서. 죽으면 지상낙원에 있게 될 것임을 확신시켜 주옵소서."

어느 비 온 다음 날 저녁, 바르나비는 슬픔에 잠겨 몸을 구부린 채 공과 칼을 양탄자로 덮어 팔에 끼고 길을 가고 있었다. 조금 뒤에 어떤 헛간을 발견하고는 식사는 못 하더라도 잠을 잘 수 있으리라 믿고 그 쪽을 향해 걸었다.

그러다가 한 수도자가 같은 방향으로 가는 걸 보고 정중하게 인사했다. 그들은 같이 발을 맞추어 가면서 서로 이야기하게 되었다.

"여보게."

수도자가 물었다.

"어째서 온통 초록색으로 입고 있나? 괴기극에서 익살꾼으로 나오려는가?"

"아니오, 수도자님."

바르나비가 대답했다.

"보시다시피 저는 바르나비이고, 직업은 곡예사이지요. 매일 빵을 먹을 수 있는 직업이 아마 좋은 직업일 텐데요."

"바르나비!"

수도자가 말했다.

"함부로 말하지 말게. 수도생활만큼 좋은 것이 없네. 하나님과 마리아와 성인을 찬양하고, 하나님에게 끊임없이 성가를 부르지."

바르나비가 대답했다.

"수도자님, 제가 참으로 무식한 대답을 했군요. 당신의 소명은 어떤 면에서건 제 것과 비교가 되지 않아요. 코끝에 막대기를 올려놓고 그 위에 동전을 놓아 균형을 잡으면서 춤을 추는 일도 좋지만 당신의 일처럼 부르면 오는 것은 아니예요. 당신처럼 매일 기도를 노래하듯 하고, 특히 제가 유일하게 몸을 바쳐 섬기는 마리아에게 기도를 드린다면 기쁠 텐데요. 수도생활을 위해, 기꺼이 스와송에서 보베까지 6백 곳 이상의 마을과 고장에 널리 알려진 제 기술을 포기하겠어요."

수도자는 곡예사의 겸손함에 감동했고, 분별력은 모자라지만 곧 성서에 씌어 있는 성인 중 한 사람을 바르나비에게서 볼 수 있었다. 땅 위의 선한 인간에게 평화가 깃들길……. 이런 이유로 그는 대답했다.

"바르나비, 이리 오시오. 선참인 내가 수도생활에 입문하는 걸 허락하오. 이집트의 성모 마리아를 안내한 자가 나에게 당신을 구원하라고 인도해 주시는군요."

이렇게 바르나비는 수도자가 되었다. 수도원에서 그는 다른 수도자들과 함께 마리아를 경배하면서 서로 앞다투어 종교를 익혔고 그녀의 명예 속에서 각자 신이 내리신 모든 지식과 기술을 이용했다.

그의 반에 있던 선참자는 학업 규칙에 따라 '하나님의 어머니'의 미덕에 대한 책을 썼다.

그리고 모리스 형제는 솜씨좋게 이 보배 같은 글을 송아지 가죽에 베껴썼다.

알렉산더 형제는 섬세한 초상화를 갖고 있는 나뭇잎들을 소중히 여겼다. 하늘의 여왕은 솔로몬 왕좌에 앉아있었고, 발밑에는 네 마리 사자가 경호하고, 머리 주변의 후광에는 일곱 마리 비둘기가 있었는데 그것은 일곱 가지 성령으로 경외, 공경, 지식, 힘, 의논, 이해, 지혜였다. 금발의 성녀들도 있었는데 그것은 겸손, 신중, 은둔, 복종, 순결, 순종이었다.

발 가장자리에는 아주 흰 두 개의 형체가 하소연하고 있었다. 영혼이 건강하기를 온 힘을 바쳐 간절히 구하는 영혼들이었는데, 하소연하는 것이 결코 헛되지는 않았다.

마주보는 면에 알렉산더 형제는 이브를 그렸는데, 타락과 구제가 동시에 인식되도록 하기 위해서였다. 이브는 지위가 낮아졌고, 마리아는 높아졌다.

더군다나 보는 사람이 놀랍게도 이 책은 생수의 우물, 샘, 백합, 달, 해, 노래에서 말해주는 정원, 천국의 문과 하나님 도시를 포함하고 있고, 모든 것들은 마리아를 상징하는 것들이었다.

마보데 형제는 마리아가 가장 좋아하는 아들들 중 한 명 같았다. 그는 하루종일 돌에 조각을 했고, 턱수염과 눈썹과 머리카락은 온통 먼지투성이였으며 눈은 부풀어 오르고 눈물이 났다. 수년이 지났지만 그의 힘과 명랑함은 수그러들지 않았고, 이것은 천국의 여왕이 그를 나이 먹었음에도 불구하고 소중히 여긴다는 것을 분명하게 증명했다. 마보데는 그녀 이마에 진주로 된 후광과 함께 왕좌에 앉아있는 모습을 그렸다. 그는 예언자가 단언한 대로 치마주름이 발을 덮도록 했다—가장 사랑하는 사람은 둘러싸여진 정원같았다.

때때로 그는 축복에 가득 찬 아이가 마치 '당신은 내가 어머니의 뱃 속에 있었을 때부터 나의 신입니다' 라고 말하는 듯한 모습을 표현했다. 더욱이 예전에 마리아를 찬양하며 산문과 시로 라틴 성가를 쓴 시인들이 있었고, 그 중에는 운율있는 시와 평범한 시어로 마리아의 기적을 노래한 피카디 출신 형제도 있었다.

이 칭찬과 노력의 결실에 경쟁심을 느끼면서 바르나비는 무지와 단순함을 신음하듯 말했다.

"슬프도다!"

그는 한숨 쉬면서 수도원의 쉴 곳 없는 정원으로 갔다.

"비참하도다, 내 형제들처럼 내가 모든 애정을 맹세한 신성한 마리아 님을 찬양할 수 없으니. 슬프도다! 슬프도다! 나는 미숙하고 기술에 재능이 없어 마리아님을 축복하지도, 봉헌하지도, 설교하지도, 규칙에 맞는 논문을 쓰지도, 천재적인 그림을 그리지도, 사실적으로 조각을 하지도, 발을 쿵쿵거리는 행군 같은 시를 쓰지도 못한다. 슬프게도 나에겐 재능이 없도다!"

이렇게 그는 신음하면서 슬픔에 빠졌다.

그러던 어느 날 밤 수도자들이 자유로이 이야기할 때, 그는 단지 아베 마리아만을 반복했던 성직자의 이야기를 들었다. 이 가엾은 자는 무식하다고 경멸받았는데, 죽은 뒤에 마리아(Marie) 이름의 다섯 자를 기리며 입에서 다섯 장미가 나왔고, 그의 거룩함은 위대하다고 증명되었다.

이야기를 들으면서 바르나비는 또다시 마리아의 친절함에 놀랐지만, 마음속에는 열의가 일었고, 천국에 계신 마리아의 명예를 더욱 높이기를 열망했기 때문에 이 축복받은 죽음의 교훈은 그를 위로하지 못했다.

어떻게 극복할지를 그는 찾았지만 길을 찾을 수가 없었고 매일 점점 낙담했다. 그러던 어느 날 아침 기쁜 마음으로 깨어나, 성당으로 급히 달려가 그 곳에 한 시간 넘게 있었다. 그리고 저녁식사 후에 다시 성당으로 갔다.

그리고 그때부터 그냥 보냈던 시간들을 성당으로 가서, 그 안에서 다른 수도자들이 자유로이 기술적인 일에 전념하던 그 중요한 시간을 보냈다. 슬픔은 사라지고 더이상 신음하지 않았다.

이 이상한 행동은 수도자들의 호기심을 일으켰다.

이들은 서로 왜 바르나비가 그렇듯 계속 은둔하는가를 묻게 되었다.

제자들의 종교행동 중에 도망치지 못하게 하는 책임을 가진 선참자는 바르나비가 성당에 가는 내내 지켜보기로 결심했다. 어느 날 그가 예배 후에 문을 닫자 고참 수도자 두 명과 함께 갔던 선참자는 문틈으로 성당 안에서 무슨 일이 일어나는지 보았다.

그들은 바르나비가 마리아 제단 앞에서 발은 공중에 놓고 머리를 숙인 채, 여섯 개 구리 공과 열두 개의 칼로 묘기를 하고 있는 것을 보았다. 성스러운 신의 어머니를 기리면서 그에게 가장 명예를 주었던 이 묘기를 행했던 것이다.

이 겸손한 자가 마리아에게 봉헌하면서 그의 지식과 기술을 보이고 있다는 걸 알아채지 못하고, 두 고참 수도승은 신성 모독이라고 외쳤다.

선참자는 바르나비의 영혼에 티끌 하나 없다는 걸 알았지만, 그가 미쳤다고 결론지었다. 그들 모두가 그를 제단에서 재빠르게 끌어내자, 그 때 마리아가 제단 아래의 계단을 내려와서는 푸른 옷으로 곡예사의 이마에 흐르고 있는 땀을 닦아주었다.

그러자 선참자는 얼굴을 바닥에 파묻은 채 이렇게 말했

다.

"마음이 겸손한 자들이여 축복받아라, 그대들은 신을 볼
지어다."

"아멘!"

두 신부는 대답하고 땅에 키스했다.

네잎 클로버 강의실
마음 내킬 때에는 공원의 미끄럼틀을 타 보자

넓디넓은 강가로 외출해라. 강가의 풀밭에 드러누워 하늘을 한껏 들이켜라.

간식으로 먹을 새빨간 딸기를 마음껏 쌓아 올려 연유를 잔뜩 뿌려라. 이제 새콤달콤한 과육을 어금니로 깨물어 먹자.

신록을 이루는 이파리가 된 기분으로 오전의 태양빛을 받아라. 광합성을 하듯이. 천천히 가슴을 부풀려서 산소를 한껏 빨아들여라.

과일 주스로 온갖 색깔의 셔벗을 만들어 봐라.

하늘이 푸르른 날. 박하사탕을 먹고 사이다를 마셔라. 온몸으로 5월의 바람을 받아들이며 심호흡해라.

날아가는 제비를 배웅해라.

챙이 넓은 모자를 하나 사라.

연인의 가슴에 귀를 대고 심장 뛰는 소리를 들어라. 그 소리를 내 목소리로 재현해서 연인에게도 들려 줘라.

풀을 만져 봐라. 클로버 꽃으로 만든 왕관을 쓰고 행운의 네잎클로버를 찾아보아라.

간식으로 찜통에다가 만두를 쪄 보자. 친구와 마주앉아서 "하나, 둘, 셋!" 뚜껑을 열어 따뜻한 김을 함께 맛보자.

역에서 좋아하는 사람을 기다리며 초여름의 전차가 덜컹거리는 소리를 들어라.

짧은 소매를 통해 들어온 바람이 가슴 부근을 스르륵 지나 배까지 내려와 빠져나가면 간지러워서 웃음이 나온다.

아스파라거스, 콩, 양상추, 오이, 브로콜리……. 녹색 채소만 잔뜩 모아서 샐러드를 만들어 보자.

일어나자마자 뜨거운 물로 목욕을 해라. 눈을 꼭 감은 채 뜨끈한 물과 수증기로 얼굴을 씻어 내면 잠이 달아날 것이다.

죽순밥을 지어서 먹어 봐라.

딸기시럽을 직접 만들어 보자. 꼭지 뗀 딸기를 물에 넣어 팔팔 끓여서 딸기가 하얘지고 물이 발개지면 설탕을 넣어 체로 잘 걸러 내면 완성. 다 만든 딸기시럽을 햇빛에 비춰 보면 투명한 붉은 그림자가 드리워질 것이다.

줄넘기를 해라.

마음 내킬 때에는 공원의 미끄럼틀을 타 보자.

새로 산 여름 샌들을 신고 맨발로 외출하자.

콩을 껍질째 삶자. 김이 모락모락 날 때 말랑말랑한 껍질을 살살 까서 삶은 콩을 소금에 찍어서 먹어 보자.

유리컵에 레모네이드를 붓고 컵을 숟가락으로 살짝 쳐 보아라. 쨍 하고 소리가 나도록. 조금씩 마시며 몇 번이고 쳐서 그 음계를 즐겨라. 화창한 날 오후에.

파란 하늘을 펄럭이는 세탁물로 가득 채워라.

외로움을 부끄러워하지 마라. "사랑받고 싶어"라고 기도하지 않는 사람은 없으니까.

마룻바닥 청소를 시키지 않는다면요
신념을 가지는 것이 중요합니다
당신의 뜻이 확고하면
아무도 그것을 거부하지 못할 테니까요

J.P. 모건 주식회사 사장인 워너가 말했다.

"나한테 어떤 제안을 할 때는 그 제안이 월 스트리트 저 널 1면에 내일 실린다고 가정해라."

"완전한 투명성을 가정할 때 이러한 업무처리에 대해서 당신은 자부심을 느끼거나 당신이 방금 추천한 대로 처리 하겠는가? 만약에 '아니오'라고 대답한다면 여기서 중지하 고 무엇이 문제인지 점검해 보아야 한다."

이것이 리더십의 상징이다.

잘 집중되고 자신감이 있는 이러한 리더십은 비전을 현 실로 바꾸어 놓는다. 테레사 수녀에게 물어보라. 그녀는 젊은 가톨릭 수녀로서 캘커타의 고등학교에서 상급반, 중 급반을 가르쳤다. 그러나 그녀는 창문 너머로 거리의 나병 환자들을 계속해서 주시했다. 그녀는 말했다.

"나는 그들의 눈에서 두려움을 보았습니다. 적절한 의료 혜택을 받아본 적이 없는 두려움, 사랑을 받아본 적이 없 는 두려움을 보았습니다."

그녀는 그러한 두려움을 마음속에서 떨쳐 버릴 수 없었

다. 그녀는 그녀가 수녀원이라는 안전지대로부터 거리로 나가서 인도의 나병 환자를 위한 평화의 집을 지어야 한다는 것을 알았다. 지금까지 테레사 수녀와 자선봉사자들은 15만 명의 나병 환자에게 의료혜택을 주고 헌신적인 사랑을 베풀었다.

12월 어느 날 유엔에서 연설을 한 뒤에 테레사 수녀는 뉴욕에서 멀리 떨어진 아주 경비가 삼엄한 싱싱교도소를 방문했다. 그 안에서 그녀는 4명의 에이즈 환자와 이야기를 나눴다. 그녀는 즉시 에이즈가 오늘날의 나병이라는 것을 알았다.

크리스마스 전 월요일에 그녀는 뉴욕 시로 돌아와 즉시 시청을 방문, 에드워드 코시 시장을 만났다. 그녀는 시장에게 주지사인 마리오 쿠오모에게 전화할 수 있는지를 물었다. 코시가 전화를 돌려주자 그녀는 당당하게 말했다.

"주지사님, 저는 막 싱싱교도소에서 돌아왔습니다. 거기에는 4명의 에이즈 환자가 있었습니다. 저는 에이즈 센터를 열려고 합니다. 4명의 에이즈 환자를 저한테 보내주시겠습니까? 저는 그들을 에이즈 센터의 첫 번째 환자로 받겠습니다."

쿠오모는 말했다.

"수녀님, 우리는 국립교도소 안에 43명의 에이즈 환자를 수감하고 있습니다. 나는 43명의 환자 모두를 당신에게 보내겠습니다"

"알았습니다. 우선 4명의 환자로 시작하려고 합니다. 내가 점찍어 놓은 건물이 있는데 건물 대금을 지불해 주시겠습니까?"

그녀의 강력함에 당황해하면서도 쿠오모는 동의했다.

"그렇게 하지요."

테레사 수녀는 코시 시장에게 말했다.

"오늘은 월요일입니다. 나는 이 센터를 수요일에 열고 싶습니다. 센터를 여는 데 여러 가지 법적인 절차가 필요한데 시장님께서 이러한 절차를 해결해 주시겠습니까?"

코시 시장은 이 조그만 여성을 바라보면서 고개를 끄덕였다. 그는 말했다.

"당신이 나에게 마룻바닥 청소를 시키지 않는다면요."

마룻바닥 청소를 시키지 않는다면요

가면무도회
두려워 마세요
변화에는 구원이 깃들어 있습니다

우리는 가면을 쓰고 살아갑니다. 인생은 가면무도회와도 같죠. 그렇다면 늘 같은 가면을 쓰고 있을 필요가 있을까요? 그것은 가면과 당신에게 달려 있습니다. 만일 당신이 가면을 잘못 골랐다면, 그것이 당신에게 어울리지 않고 상처만 입혔다면, 그 때는 마음에 드는 다른 가면을 골라 보십시오.

그러나 오랜 탐구 끝에 당신이 진정한 행복의 가면을 찾았다면 그것을 버려서는 안 됩니다. 당신이 편안함을 느끼는 역할을 발견하면 그 때는 그것을 지켜 나가야 합니다.

영국의 수필가 막스 비어봄이 쓴 수필 중에 내가 아주 좋아하는 이야기가 있습니다. 그것은 18세기의 돈 후안과 같은 어느 방탕자가 젊은 아가씨를 유혹하는 이야기입니다.

"당신이 내 마음에 들거라고 생각해요? 당신 얼굴에는 수많은 악덕이 하나하나 새겨져 있어요."

젊은 아가씨는 말했습니다.

그런데 그 때 런던에는 아주 훌륭한 가면을 만드는 가면사가 있어서 진짜 얼굴과 분간할 수 없을 정도로 얼굴에 꼭 맞게 가면을 만들었습니다. 그래서 이 방탕자는 아주 순수한 얼굴의 가면을 쓰고 다시 젊은 아가씨를 찾아갔습니다. 이번에는 그녀의 마음에 들었습니다. 그녀는 자신도 어쩔 수 없을 정도로 그가 좋아졌습니다.

어느 날 밤, 그녀가 그와 사랑의 도피 행각을 하려고 할 때 이들의 연애를 불안스럽게 지켜보던 어떤 정직한 남자가 그녀를 어둠에서 깨어나게 하려 했습니다.

"어떤 남자에게 걸려들었는지 당신은 모르고 있습니다."

정직한 남자는 그녀에게 말했습니다.

"이 남자는 당신이 거절했던 그 방탕한 남자입니다."

"그럴 리가 없어요. 이처럼 아름다운 얼굴이……."

"이 얼굴을 잘 살펴보십시오."

정직한 남자가 이렇게 말하고 가면을 벗겼습니다. 그런데 놀라운 일이 일어났습니다. 가면 속에 숨어 있던 얼굴은 가면과 똑같은 얼굴이 되어 있었기 때문입니다. 거짓 사랑이 참된 사랑으로 변한 것입니다.

이것은 하나의 완전한 상징입니다.

사람은 자신이 택한 역할에 따라 스스로 변합니다. 처음에는 그 역할과 자기 자신이 정반대의 성격이었다 하더라도 시간이 흐름에 따라 그것을 닮아가는 것입니다.

발자크의 소설에 나오는 카디니앙 왕비는 자신이 사랑하는 여자의 역할을 연출하고 있다고 생각하는 사이에 진정으로 사랑하는 여인이 되어 버립니다.

주의해서 당신의 가면을 선택하십시오. 당신은 아마 한평생 그 가면을 쓰고 살아갈지도 모릅니다.

가면무도회

외할아버지의 인생

사람은 무엇으로서 살아야 하는가
실패와 성공을 바로 아는 치즈 한 조각의 인생방법

아홉 살 때 나는 외할아버지가 인생의 실패자라는 이야기를 들었습니다. 외삼촌과 어머니가 외할아버지 이야기를 하던 끝에 외삼촌이 이런 결론을 내리는 것을 들었던 것입니다. 어머니도 고개를 끄덕이고 이맛살을 찌푸리는 것으로 보아 이 말에 동의하는 것을 알 수 있었습니다.

외할아버지는 캔자스 주 레븐워드에서 약국을 경영했는데, 그곳은 정말 좋은 곳이었습니다. 루비 색 항아리들은 따뜻하고 신비스러운 빛을 발산했고, 음료수를 파는 대리석 계산대 앞에는 높은 금속제 의자들이 있었으며, 유리 선반 위에는 수없이 많은 종류의 묘약들이 진열되었고, 약국 안에는 향기로운 냄새가 가득 차 있었습니다. 이 냄새는 뒤쪽의 조제실에서 흘러나오는 것으로, 그 곳에는 많은 가루약과 물약, 약 빻는 절구와 절굿공이, 그리고 아주 정확한 저울이 있었으며, 약병과 상자에는 이상한 라틴어 이름들이 씌어 있었습니다.

이 모든 것들을 다루는 외할아버지를 나는 굉장히 현명한 분이라고 생각했습니다. 외할아버지는 키 크고 마른 체구에 머리는 반백이었습니다. 몸차림은 흠잡을 데 없이 단

정했으며, 움직일 때마다 빳빳하게 풀먹인 셔츠에서 사각
사각 소리가 났습니다. 텁수룩한 눈썹이 꿰뚫어보는 듯한
깊은 눈에 그늘을 드리워, 나는 외할아버지가 내 속을 들
여다보시고 내가 거짓말을 하는 것도 다 아시리라 여기곤
했습니다.

그러나 나는 외할아버지가 무섭지 않았습니다. 외할아버
지의 목소리는 다정했고, 푸른 정맥이 솟은 손은 무척 부
드러웠습니다. 열 살 되던 해부터 나는 약방의 잔심부름을
했고, 외할아버지에 대한 내 충심은 변함이 없었습니다.
외할아버지가 비록 실패자라 하더라도 나는 외할아버지 편
이었으며, 마음 속으로 왜 외할아버지에게 그런 딱지가 붙
게 되었는지 의아스러웠습니다.

어느 날 밤 외할아버지의 약국에 불이 났습니다. 가족들
이 다 달려갔고 소방수들이 최선을 다했으나 약국은 완전
히 재가 되고 말았습니다.

그 다음 주에 외삼촌이 말씀하셨습니다.

"아버지는 단 한 푼의 화재보험도 들지 않았더군요. 도
대체 그런 멍청한 사업가가 어디 있단 말이에요?"

외삼촌은 다시 외할아버지를 위해 약국을 열어 드렸는데,
이번에는 캔자스 시티 제2일반병원 근처에 멋있게 지은 새
약국이었습니다. 외삼촌은 이 병원에 출입하는 환자들이 약
처방을 가지고 찾아올 것이니 약국이 잘 될 거라 생각했고,
외할아버지가 화재보험에 드는 것도 확인했습니다.

새 약국은 외할아버지가 감당하지 못할 정도로 번창했습
니다. 그전 약국보다 더 현대적이고 상품 종류도 다양했으

외할아버지의 인생

며, 사람들이 늘 줄지어 기다리고 있었습니다. 그러자 외할아버지의 흠잡을 데 없던 손님 접대 방법이 갑자기 구식이고 비효과적인 것처럼 보였습니다. 외할아버지는 손님마다 알고 지내며 그들의 병세에 대해 소상하게 이야기 나누기를 좋아하셨는데, 다른 손님이 뒤에서 초조하게 기다리고 있을 때에는 그렇게 할 수가 없었습니다. 외할아버지는 약사를 새로 두 명 고용하고, 자신의 경영본부를 길 건너편 공원 벤치로 옮겼습니다.

많은 사람들이 외할아버지를 찾아와 이야기를 나누는 동안 나도 옆에 앉아 열심히 듣곤 했습니다. 그 가운데에는 부자도, 가난한 사람도, 젊은이도, 노인도 있었는데, 모두 외할아버지와 나누고 싶은 걱정거리며 의견을 가지고 있었습니다.

돌이켜보면 가끔씩 외할아버지는 자신의 능력이나 법적 권한 밖의 의학적 충고를 한 적도 있었다고 생각됩니다. 그러나 대체로 그런 외할아버지의 충고는 어떤 약으로도 고칠 수 없는 영역의 문제들이었습니다. 때로 외할아버지는 아무 말씀도 않고 듣기만 하셨는데, 그것도 도움이 되는 것처럼 보였습니다.

외할아버지가 공원 벤치에서 시간을 보내는 동안 조수들이 약국 일을 잘 해 나가고 있어 모든 일이 순조롭게 되어 가는 듯했습니다.

그러나 내가 열두 살 때, 외할아버지의 장부를 조사하던 외삼촌은 밀린 외상이 수백 달러인 것을 알게 되었습니다. 수금원의 손에 이 문제를 맡기라는 외삼촌의 요구를 마지

못해 수락한 외할아버지는 나를 외상 수금원으로 임명하셨습니다.

나도 그 일을 별로 달갑게 여기지 않았습니다. 외할아버지는 외상 장부의 명단을 나에게 주시면서 말씀하셨습니다.

"이 사람들 집을 찾아가 어떻게 살고 있는지만 보고 오너라. 월터야, 절대로 빚 독촉은 하지 말아라. 이 사람들의 먹을 것을 빼앗아서야 쓰겠니?"

"그럼요, 할아버지."

나도 안도의 한숨을 내쉬었습니다.

저녁 무렵 나는 단 한 푼도 수금하지 못한 채 약국으로 돌아왔습니다.

나는 찾아갔던 사람들의 사는 형편을 외할아버지에게 낱낱이 말씀드렸습니다. 내 어린 눈에 그들의 가난이 과장되게 보였는지 모르지만, 외할아버지의 노련한 눈에도 역시 같은 모습으로 보였을 것입니다.

내 이야기를 다 듣고 난 외할아버지는 큰 장부책을 선반에서 내려 외상진 사람들의 이름이 적힌 칸 옆에 일일이 '완납'이라고 쓰셨습니다. 나는 깜짝 놀라 소리쳤습니다.

"외할아버지! 외삼촌이랑 엄마가 아시면 뭐라 하겠어요?"

외할아버지는 잠시 생각하시더니 온 얼굴에 미소를 띠며 대답하셨습니다.

"내가 형편없는 사업가라고 하겠지."

1932년 가을 외할아버지의 약국은 다시 문을 닫게 되었습니다. 외할아버지는 이미 예순여섯 살이 되셨고, 가족들은 모두 외할아버지가 은퇴하는 게 좋겠다고 의견을 모았습니다. 내가 대학으로 떠나기 바로 전 우리와 함께 살기 위해 외할아버지는 우리 집으로 오셨습니다.

사회에 첫발을 내딛어 늘 집을 떠나 있던 나로서는 외할아버지를 찾아뵐 기회가 그리 많지 않았습니다. 하지만 내 마음 속에는 늘 외할아버지 생각이 자리잡고 있어 때로 영감을 주기도 하고 다른 한편으로는 혼란스럽기도 했습니다.

나는 외할아버지의 생애를 어떻게 결론지어야 할지 모른 채 '그분의 생애가 정말 실패였다고 할 수 있을까?' 하고 다시 생각해 보곤 했습니다.

10년 뒤, 제 2차 세계대전이 막바지로 치닫는 모습을 지켜보며 신문사 특파원으로 유럽에 주재하는 동안 외할아버지가 큰 연쇄 약국에서 일하시게 되었다는 소식을 들었습니다. 전쟁으로 일손이 달리자, 일흔여섯에 귀까지 조금 먹은 외할아버지도 일자리를 구할 수 있었습니다. 2년 뒤 외할아버지는 약국에서 일하다 돌아가셨습니다.

외할아버지의 죽음은 내 마음을 깊이 뒤흔들어 놓았습니다. 전쟁과 사람들의 야수성에 둘러싸여 지내던 나는 외할아버지가 사셨던 세계를 그리워했으나, 이미 그러한 세계는 사라져 버렸습니다. 오늘날 외할아버지 같은 분이 발붙일 곳은 없습니다. 외할아버지와 더불어 내 일부도 죽었습니다. 내 어린 시절, 나의 환상이.

사람의 모든 천박함이 백일하에 드러난 전후의 뉘른베르크 재판을 다 보도하고 난 뒤에야 나는 캔자스 시티로 돌아갈 수 있었습니다. 그 때 나는 지치고 메말라 있었습니다.

돌아온 지 일주일쯤 되었을 때, 외할아버지가 일하시던 약국의 지배인이 나를 만나고 싶어한다는 전갈을 받고 무슨 영문인지 모른 채 그를 찾아갔습니다.

번쩍거리는 거대한 약국에 들어섰을 때, 나는 이런 곳에서 일하시던 외할아버지의 모습을 도저히 상상할 수가 없었습니다. 그 곳에는 책, 운동기구, 정원 연장들이 진열되어 있었습니다. 햄버거 튀기는 냄새가 밝은 실내를 가득 채우고, 피라미드처럼 쌓인 상품들 사이로 뚫린 좁은 통로에는 성급한 손님들이 들끓고 있었습니다. 이곳이 약국이라고?

지배인은 뒤쪽의 자그마한 사무실로 나를 안내했습니다.

"할아버지가 고용된 지 한 주일쯤 되었을 때, 주인이 내게 할아버지를 해고시키라고 했습니다. 내가 그 지시대로 하지 않았던 게 얼마나 다행이었는지 몰라요! 아시다시피 프릿치 할아버지는 가는 귀가 먹어 전화를 받을 때마다 온 상점이 다 소리를 죽여야 했습니다. 할아버지가 말씀하시는 동안은 음료수를 따라 주는 사람도 손을 멈춰야 할 정도였습니다.

처음에 우리는 이러다 손님을 다 놓치게 되지 않을까 걱정했지만, 실은 그 반대 현상이 일어났습니다. 모두들 할아버지의 전화 이야기를 엿들으려 하게 되었습니다. 별의별 사람들이 다 할아버지에게 충고를 요청해 오고, 상점 안 모든 사람들이 조용히 할아버지의 대답을 듣곤 했습니다. 할아버지가 전화를 끊으면, 모두들 서로에게 미소를 던지곤 했습니다. 물론 노인의 이야기가 재미있기도 했지만, 우리들 자신도 할아버지의 충고를 더러 받아들이고 굳게 닫힌 마음이 누그러지는 것을 느낄 수 있었습니다."

나는 고개를 끄덕였습니다. 지배인의 이야기 속에서 외할아버지가 나를 위해 다시 살아나는 것 같았으며, 유럽에서부터 쌓여 온 긴장이 풀리며 마음의 평온을 되찾기 시작했습니다. 부드럽게 격려하시는 외할아버지 목소리를 다시 들을 수 있었고, 이 세상은 본디 살기 좋은 곳이라는 외할아버지의 신념을 다시 느낄 수 있었습니다.

지배인은 계속 말했습니다.

"할아버지는 내게도 많은 것을 보여 주셨습니다. 나는 약사가 되고 싶은 생각이 없었지만 경제공황중이라 어쩔 수 없이 약사일을 배웠고, 그 뒤에는 너무 나이가 많아 새로 다른 일을 배울 수 없게 되었습니다. 그 때 할아버지가 이곳에 오셔서 좋은 약사가 되는 게 얼마나 중요한 일이며, 약사로서 사람들을 도와 줄 일이 얼마나 많은지 가르쳐 주셨습니다. 할아버지는 인간의 품격이란 물질적 성공이 아닌 자신의 내부에서 얻어지는 것임을 보여 주셨지요. 그런데 이런 것들을 할아버지에게 말씀드릴 기회가 한 번도 없었습니다. 그래서 선생님을 찾은 것입니다."

나는 그가 내민 손을 한동안 말없이 붙잡고 있었습니다. 나는 나 자신이야말로 그에게 감사해야 한다고 느꼈습니다. 그는 내가 외할아버지를 가장 필요로 하고 있을 때 외할아버지를 다시 보여 주었습니다. 어렸을 때 막연히 의심을 품고 있던 일을 어른이 된 오늘에 와서야 환히 보여 주

었습니다. 외할아버지에 대한 우리 가족들의 생각이 잘못
이었다는 것을.

　외할아버지는 절대로 인생의 실패자가 아니었습니다.

네가 하고 싶은 일을 하라

당신의 두 눈이 왜 반짝이는지 모두 알고 있지요.
그건 당신이 하고 싶은 일을 지금 하고 있기 때문입니다.

어린 시절 커서 무엇이 되고 싶으냐고 누가 물어보면 나
는 어김없이 '아기를 돌보는 의사'라고 대답하곤 했다.

그것은 내 고향 플로리다 잭슨빌에 있는 우리 집안 소유
의 보험회사에는 들어가고 싶지 않아서였다. 게다가 의사가
되고 싶다고 하면 어른들이 좋아한다는 것을 나는 그 때 이
미 알고 있었고, 또 그 당시만 해도 신경외과나 심장과 같
은 전문 분야는 남자들의 영역이었지 어린 여자 아이가 장
래의 직업으로 관심을 가질 만한 분야가 아니었다. 그러다
보니 내 관심은 자연스레 아기들에게 기울 수밖에 없었다.

열네 살 때 나는 피스크 대학교에 개설된 조기 입학 프
로그램을 수강하였고, 이듬해에는 오벌린 대학으로 옮겨
강의를 듣게 되었다. 그때까지도 장차 무엇이 되고 싶냐는
질문에 대한 내 대답은 소아과 의사라는 용어를 쓰게 되었
다는 사실 이외에는 달라진 게 없었다. 적어도 내가 인류
학이라는 학문에 푹 빠지기 전까지는 말이다.

문화 인류학 강의를 수강하기 전까지만 해도 나는 인류
학에 대해서 아는 바가 거의 없었다. 하지만 수업 첫날부
터 내 호기심은 발동하기 시작했고, 조지 E. 심슨 교수가

생전 처음 들어보는 음악에 맞춰 역동적인 몸짓을 선보이자 인류학에 대한 나의 관심은 불붙기 시작했다. 심슨 교수는 우리가 듣고 있던 음악이 자메이카 종교 집단의 음악이라고 설명해 주면서 아프리카 문화가 카리브해와 아메리카 대륙에 현존하는 흑인 문화에 대해 어떤 영향을 미쳤는지를 이야기해 주었다. 1950년 그 당시만 해도 심슨 교수의 연구는 대단한 업적이었다.

또한 심슨 교수는 인류학에 대한 정의도 내려주었다. 인류학이란 서로 다른 문화를 연구하며 다양한 인종간의 상관 관계를 밝혀내는 학문이라고 했다. 나는 심슨 교수의 말을 듣는 순간 인류학이야말로 정말 위대한 학문이며, 내 일생을 걸어볼 만하다고 생각하게 되었다.

크리스마스 휴가를 맞아 집으로 돌아온 나는 가족들에게 인류학을 전공하고 싶다고 말했다.

"그게 뭐하는 건데?"

식구들의 반응은 한결같았다. 나는 인류학이란 학문에 대해 설명하기 시작했다.

"인류학이란 인류 전체를 연구하는 학문인데, 크게 문화 인류학, 자연 인류학, 고고학, 그리고 언어학 이렇게 네 가지로 나눌 수 있어요. 저는 문화 인류학자가 되어 다양한 지역의 여러 사람들을 연구하고 싶어요. 자연 인류학은 인류와 다른 동물, 특히 영장류와의 관계와 물리적 존재로서의 인류를 연구하고, 고고학은 땅 속에 남아 있는 유물을 파내어 고대 문화를 연구하고, 언어학은 지구상에 존재하는 다양한 언어들을 연구하는 학문이예요."

내가 인류학에 대해서 상세하고 장황한 설명을 늘어놓자 가족들은 그제서야 좀 알 것 같다는 표정을 지었다.

나는 그런 가족들의 모습을 보며 꽤나 흡족해 했고 내 자신이 대견스러웠다. 적어도 내 우상이었던 할아버지에게 동의를 구하기 전까지만 해도 말이다. 할아버지도 다른 식구들과 마찬가지로 대뜸 그게 뭐냐고 물어 보았다.

내가 설명을 하자 할아버지는 깊은 인상을 받았다는 표정은커녕 한바탕 크게 웃더니 그런 걸 해서 입에 풀칠이나 하고 살겠느냐고 반문하셨다. 나는 울음을 터뜨렸고 위로를 받고 싶은 마음에 어머니에게로 달려갔다. 어머니도 할아버지와 마찬가지로 먹고사는 문제에 의문을 나타냈다. 하지만 어머니는 아주 값진 충고를 해 주었다. 어머니는 하기 싫은 일을 억지로 하게 되면 앞으로 남은 인생이 비참해질 거라며 내가 정말 하고 싶은 일이 그것이라면 그 길을 가라고 단호하게 말했던 것이다.

나는 인류학자라는 열정을 좇아오다가 종종 난관에 부딪히거나 곳곳에 도사리고 있는 불확실함 때문에 어려움에 처하기도 했다. 하지만 그 열정으로 인해 풍부한 감성과 지성을 갖게 되었고, 만족과 즐거움을 느끼며 살아오게 되었다.

나는 석사논문 준비를 위해 시카고의 한 흑인 교회에서 현장 조사를 했고, 박사 논문을 준비할 때는 2년 동안 리베리아에서 살기도 했다. 그 이후에는 쿠바, 하이티, 도미니카 공화국, 세인트 크로이, 기타 다른 카리브해 연안 국가들을 돌아가며 살아본 적도 있었다.

특히 카리브해 연안에 사는 여성들의 삶에 깊은 관심을 가지게 되었고, 카리브해 연안 국가들의 인종 문제와 민족성을 연구하는데 집중적으로 노력했다. 나는 연구의 특성상 이들 국가의 다양한 문화와 전통을 직접 체험하기 위해 힘든 야외 캠핑 생활도 자주 해야 했다. 하지만 원치 않았던 일을 함으로써 겪었을지도 모를 어려움을 생각하면서 그 생활도 즐거이 할 수 있었다. 나는 어엿한 성인으로 자란 내 모습을 할아버지가 보셨으면 했다. 지난 삼십여 년간 대학에서 인류학을 가르치면서 강의실에 들어가 즐겁게 가르치고 배우는(선생들도 끊임없이 배워야 한다.) 동안에 늘 행복감을 느껴왔다. 또한 인류학과 관련된 저술 활동을 하면서 자료를 준비해야 하는 힘든 작업이 있었지만, 그에 못지 않게 크나큰 즐거움을 누릴 수 있었다. 1980년대 후반 나에게 직업을 바꿀 수 있는 기회가 찾아왔다. 놀랍게도 내가 조지아 주 애틀랜타에 있는 스펠맨 대학의 총장으로 내정되었다는 통보를 받았던 것이다. 애초부터 나의 꿈중에 한 대학을 이끌어 가리라는 것은 없었다. 하지만 스펠맨 대학은 미국 흑인 여성인 나에게는 매우 각별한 의미를 지니고 있었다. 스펠맨 대학은 오랜 역사를 자랑하고 있었을 뿐만 아니라 미국 내에 두 개밖에 없는 흑인여자 대학 중의 하나였다. 나는 내 마음이 이끄는 대로 따라 가기로 했다. 운이 좋게도 나는 스펠맨 대학의 총장으로 재직하면서도 인류학자로서의 나를 전적으로 포기하지 않을 수 있었다.

네가 하고 싶은 일을 하라

껍데기만 볼 수밖에 없는 건 제 피부색 때문이죠?

늘 새롭게 도전하세요. 꿈을 현실로 만드는
자기만의 야망을 지금 찾아보세요

1964년, 10살 된 한 흑인소녀가 부모님과 함께 백악관을 찾았습니다. 한동안 담 주변을 서성이며 찬찬히 건물의 겉모습을 살피던 소녀가 갑자기 침묵을 깼습니다.

"아빠, 제가 저 안에 들어가지 못하고 이렇게 밖에서 백악관 껍데기만 구경해야 하는 건 제 피부색 때문이죠? 그렇죠? 하지만 두고 보세요! 전 반드시 저 안으로 들어가고 말거예요!"

구경에 여념이 없던 사람들은 결연한 눈빛을 하고 소리치는 아이의 모습을 어리둥절한 시선으로 바라보았습니다.

25년 뒤, 소녀의 예언은 그대로 적중했습니다. 소비에트 체제가 붕괴되고 독일이 통일되던 시기에, 그녀는 백악관에서 조지 부시 전 대통령과 함께 일주일에 14시간씩 미국의 대외정책을 주도하는 수석보좌관으로 일하게 된 것입니다. 그리고 다시 11년 뒤에는 그의 아들인 조지 부시 현 대통령의 국가안보보좌관으로 백악관에 재입성했습니다.

흑인 여성 최초 미국 국무장관 콘돌리자 라이스!

콘디에게는 아주 오래되고 독특한 습관이 있습니다. 아무리 바쁘고 할 일이 많아도 1주일에 두 번씩은 반드시 웨이트 트레이닝을 하는 것입니다. 헬스클럽에서 자신이 연주한 피아노 소리를 들으며 팔, 다리, 허리, 어깨의 근육을 단련함으로써, 근육에서 치솟는 힘을 불 같은 도전정신으로 삼아 흑인이자 여성이라는 한계에서 오는 삶의 무게를 이겨내는 것입니다.

33살 때 콘디는 스탠포드대학의 교수이며 부총장이었습니다. 스탠포드대학에는 '근육 발달학과'라는 독특한 학과가 있는데, 그녀는 학생 때부터 타이거 우즈의 근육강화 코치로 활동했던 카렌 바닉과 함께 운동을 했고, 카렌이 졸업한 뒤로는 마크 마테스거라는 코치에게 혹독한 훈련을 받았습니다. 콘디는 근육 강화운동으로 민첩성과 순발력을 키웠습니다. 또한 업무에서 받는 스트레스를 해소하고 정신력도 강화시켰습니다. 산더미같이 쌓이는 일거리와 쉴틈 없이 이어지는 모임으로부터 벗어날 수 있는 유일한 출구이자 충만한 휴식으로서, 그녀는 운동을 선택한 것입니다. 콘디의 영혼에 힘이 솟아나게 하는 또 하나의 요소는 음악입니다. 그녀는 스탠포드대학의 유명 바이올리니스트, 첼리스트들과 공동으로 연주회를 열 정도로 수준급의 피아노 연주자이기도 합니다.

콘디가 피아니스트로서의 꿈을 키우던 시절은 오늘의 그녀를 있게 한 소중한 순간이었습니다. 그러나 이 꿈을 실현하기에는, 음악계의 현실이 너무 척박하다는 사실을 깨닫고 방향 전환을 합니다. 콘디는 키 174cm에 몸무게 63kg의 균형 잡힌 몸매를 갖고 있습니다. 콘디는 입버릇처럼 자신은 맘껏 먹으면서도 살이 찌지 않는다고 호언합니다.

껍데기만 볼 수밖에 없는 건 제 피부색 때문이죠?

부시, 파월, 럼즈펠드와 나란히 선 그녀의 늘씬하고 당당한 모습과 부리부리한 눈매를 보면 그 사실을 쉽게 확인할 수 있습니다.

스탠포드 교수 시절 줄곧 그녀의 근육운동을 지도해 온 마크는 해마다 콘디의 생일이 되면 어김없이 레그 프레스에 100파운드의 웨이트를 추가했고, 그녀가 밀어올리는 쇠뭉치를 보면 나이가 무색할 지경이었다고 합니다.

"저는 근육 강화운동 코치로서 많이 부족합니다. 그러나 그녀는 그런 제 앞에서 절대 오만하게 행동하지 않습니다. 특별한 대우를 바라지도 않았죠. 자기가 운동을 제대로 못하면 엉덩이를 걷어차도 좋다는 식으로 언제나 소탈했습니다. 그래서 그녀가 아무리 높은 직책에 있어도 한 번도 두려워해 본 적이 없습니다."

요요마는 미국 국가 안전 보좌관 콘디의 피아노 연주 실력이 뛰어나다는 말을 듣고, 2002년 4월 24일 '컨스티튜선 홀'에서 개최되는 연주회에 공동 연주자로 그녀를 초빙했습니다. 콘디는 요요마의 오후 공연에 합류하기로 했으며, 브람스의 D마이너 중 바이올린 소나타 3번 아다지오를 연주하기로 약속했습니다.

그 날 저녁, 부시 대통령은 요요마의 연주회에 참석하여 기념 메달을 수여하며 이렇게 말했습니다.

"당신은 세계 최정상급 첼리스트로, 클래식 연주 분야의 최고의 인물이오."

요요마는 콘디가 모습을 드러내자, 이렇게 소개했습니다.

"위대한 한 미국인이, 위대한 작곡가의 곡을 연주합니다."

연주회 식장에 참여한 영부인 로라 부시는 두 사람을 경축하며, 서부 텍사스 방언으로, "콘돌리자 라이스가 '피-아-너'를 연주할 것"이라고 소개했습니다. 로라는 클래식 음악을 좋아합니다.

연주회는 생동감이 넘쳤습니다. 엄숙한 듀엣 곡이 아름답게 울려퍼졌으며, 청중들은 열렬한 갈채를 보내며 환호하였습니다.

그렉 샌도는 〈월스트리트 저널〉에 연주회 평을 썼습니다.

'그녀의 연주에는 기품이 깃들여 있었으며, 깊은 사고가 녹아든 음색은 완벽한 화음을 이루었다. 최소한 요요마가 그녀에게 참여를 권유한 것은 분명한 사실이다. 퇴장할 때 그녀는 조용하고 수줍은 모습이었다. 내 마음은 이런 그녀를 향하고 있었다. 바로 지금이, 그녀의 인생에 있어 최정상의 순간이 아닐까 하는 생각이 들었다. 이 순간, 감히 누가 그녀를 비난할 수 있을까? 열정에 가득 찬 그녀의 모습에서, 진정한 인간의 가치를 느낄 수 있었다. 그녀는 바로 예술을 통해 조국의 가치를 재현해낸 것이다.'

콘디는 최고를 지향했으며, 그 정상에 올라섰습니다. 피아노 신동에서 스타 학자로, 다시 최고의 러시아 전문가로, 외교 정책가로, 저술가로, 교무처장에서 대통령의 보

껍데기만 볼 수밖에 없는 건 제 피부색 때문이죠?

좌관으로, 그녀는 진정 '미국의 꿈'을 이룬 상징적인 존재입니다. 이미 48세의 나이에 그녀는 예술가, 학자, 기업의 고문, 대학 운영자, 지도자, 정책 수립자이며 두 미국 대통령과도 가장 가까운 미국과 세계를 움직이는 친구가 된 다양한 경력의 소유자입니다.

콘돌리자 라이스의 근육에서 솟구친 담력이 거미줄처럼 얽힌 지구촌의 문제들에 대한 궁극적이고 책임 있는 답을 내놓아야 하는 리더의 자리, 세계 최정상의 위치로 이동해 가는 길에 큰 힘이 되고 있는 것입니다.

꿈을 현실로 만드는 최고의 기술, 자기의 힘으로 스스로를 이상의 세계로 옮겨다 놓는 노하우, 리더십의 보유자들에게서 우리는 독특한 몸과 마음의 키워드인 토털 웰빙을 이루어내는 자기관리 코드, 몸 경영의 비밀을 읽을 수 있습니다.

부시 대통령은 이렇게 말하고 있습니다.

"콘디는 아주 똑똑해요. 큰 사건을 해결하는 요령과 방법을 알고 있지요. 그녀가 설명하면 적과 동지 모두가 이해할 수 있으니까요."

9.11 테러에 의해 단합된 조국의 모습을 보았을 때, 콘디는 자신의 감정을 아래와 같이 요약했습니다. 이는 조국의 미래를 낙관적으로 조망한 것입니다. 긍정적인 의식은 그녀에게 있어 언제나 세상을 움직이는 큰 힘이었습니다.

"우리는 주어진 환경이나 시험을 선택할 권한은 없다. 그러나 어떻게 대응해야 할지에 대해서는 선택해야 한다. 우리는 자신에 대한 믿음과 자부심보다는, 물질이 주는 오

도된 만족과 기쁨에 빠져든다. 우리 모두는 투쟁을 통해
자기애와 속죄의 방안을 찾아야 한다. 이 과정은 탈출한
노예가 반드시 배워야 할 과정이다. 우리의 노래처럼, 미
국이 우리에게 의미하는 바는 다음과 같다. '내 고통은 그
누구도 모르리. 신의 영광이여. 할렐루야.'"

껍데기만 볼 수밖에 없는 건 제 피부색 때문이죠?

🍀 네잎 클로버 강의실
장마가 개면 유리창을 닦아라

반딧불을 보러 가라. 풀 냄새가 풍기는 강가에 앉아 빛이 끄는 실을 눈으로 쫓아라. 손바닥으로 살짝 감쌌다가 손가락 사이로 날려 보내라. 아주 작은 불빛. 한 번 더 하늘에 놓아주어라.

믹서로 바나나 주스를 만들어 보라. 바나나 한 개, 밀크 조금, 벌꿀을 섞어 쇄쇄 소리를 내며 갈아라. 거품이 일었을 때 바로 따라 마셔라. 코 아래로, 콧수염 같은 달콤한 거품을 붙이고서.

선풍기 앞에서 소리를 내라. 와와와와 떨리는 목소리로 노래하라. 좋아하는 사람의 이름을 불러보라.

강낭콩을 삶아라. 양파 드레싱으로 콩 샐러드 마리네를 만들어 두라.

보리차 얼음을 달그락 달그락 일부러 크게 소리 내며 시끄럽게 즐겁게, 차를 마셔라.

나팔꽃 씨를 뿌려라.

새로 산 여름 원피스로 거울 앞에서 혼자 갈아 입으며 패션쇼를 하라.

옥수수를 삶아라. 금빛으로 따끈따끈하게 버터와 간장으로.

장마가 개면 유리창을 닦아라. 초록빛 여름하늘 둥실둥실 떠가는 뭉게구름이 잘 보이도록.

플레어스커트를 입고 가볍게 뛰어보라. 스커트 속으로

바람이 들어와 크게 부풀게 해보라.

느릿느릿 살구잼을 만들어라. 향기 좋은 씨앗도 꼭 넣어라.

숲 속이나 큰 가로수 아래를 맴맴 매미소리에 젖어 걸어보라.

자전거 페달을 있는 힘껏 밟아본다. 엉덩이를 흔들면서.

뺨에 말라붙은 눈물을 핥아라.

아침에 일어나 잔털이 난 복숭아 한 개를 꺼내 살짝 껍질을 벗겨 먹어라. 손가락에서 뚝뚝 떨어지는 물. 부드러운 복숭아가 뭉개지지 않도록 조심하며 벗겨라. 손가락도 씨도 핥는다.

살아있는 것들의 배를 만져보라. 따뜻함과 부드러움을 느낀다. 부서질 듯 부드럽고 따뜻하다. 기분 좋은 듯 가만히 있는 사이 부드럽게 어루만진다. 개나 고양이, 새, 햄스터의 배. 당신은 사랑하는 이의 배를.

네잎 클로버 강의실

너를 알 기회를 주어라

인내심을 발휘하세요 언젠가 이해받게 됩니다
의지와 지성은 하나이며 같은 것입니다

법률 서적으로 둘러싸인 남부의 어느 법과대학 학장실에
서 한 신입생을 앞에 앉혀 놓고 학장이 낮은 목소리로 이
야기하고 있었다.

"수업이 없는 시간에 자네가 지낼 방을 지하실에 하나
꾸며 놓았네. 별 이유 없이 학교 구내를 돌아다녀서는 안
될 것 같아. 필요한 책이 있으면 법대 도서관에서 자네 방
으로 보내 주도록 해놓겠네. 그리고 점심은 가져와서 자네
방에서 먹도록 하는 것이 좋을 것 같고, 학교에 오고 갈
때는 내가 이 지도에 표시해 놓은 길을 따라 뒷문을 사용
하도록 하게."

학장이 이 젊은이에게 어떤 특별한 적대감을 품고 있는
것은 아니었다. 대다수의 교수나 이사진들과 마찬가지로
그도 스물네 살의 조지 헤일리라는 이 학생을 아칸소 대학
의 법과대학에 입학시키는 것을 찬성하였다.

그러나 때는 한창 흑백 대립이 심하던 1949년이었고 예
비역 공군인 이 젊은 청년은 흑인이었다.

학장은 이 남부 대학에서 폭동을 막을 수 있는 길은 이
학생을 다른 학생들과 최대한으로 분리시키는 것이라고 생

각하였다.

조지는 자기 앞에 놓인 이러한 앞으로의 생활에 기분이 우울해졌다. 그는 굳이 이런 식의 생활을 할 필요가 없는 하버드 법대에 지망했을 수도 있었다. 그러나 그는 아버지의 편지를 받고 이 대학에 지망하기로 결심했었다.

'우리들 자신이 흑백분리가 있는 곳에 기꺼이 뛰어들어 교두보를 열지 않는 한 이 문제는 해결되지 않을 것이다. 아칸소 주지사와 교육위원들은 대학의 흑백통합을 조용하게 시도해 보기로 결정했다. 너에게는 입학허가를 얻는데 필요한 우수한 성적과 기질이 있으며, 아칸소 법과대학은 남부에서도 제일 좋은 법과대학 중의 하나이다. 네가 이 도전에 응할 용의만 있다면 내가 네 입학을 주선해 보겠다.'

대학 교수이며 흑인교육의 선구자인 아버지를 깊이 존경하며 사랑하고 있던 조지는 이 도전에 응하기로 결심하였다.

개학 첫날 곧장 지하실의 자기 방으로 가서 점심을 놓아두고, 교실이 있는 이층으로 올라간 조지는 마치 자기가 일렁이는 하얀 얼굴의 파도 속을 걷고 있는 듯한 느낌을 받았는데 그 얼굴들에는 모두 똑같은 표정들이 나타나 있었다. 충격, 경악, 그리고 말로 표현할 수 없는 분노를 억누르고 있는 폭발 직전의 얼굴들이었다. 이야기 소리로 웅성거리고 있던 강의실은 그가 문을 들어서는 순간 물을 끼얹은 듯 조용해졌다.

강의가 시작되자 그는 교수의 말에 주의를 집중하려고 필사적인 노력을 기울였으나, 교실 안에 넘쳐 흐르는 증오심이 그의 의식을 파고들어와 정신을 흐리게 했다.

다음 날에는 학생들이 그를 공공연히 놀리고, 위협하기 시작했다.

"이 깜둥이 새끼야, 너 여기 무엇하러 왔어?"

"이봐, 깜둥이 아프리카에나 가지."

그는 이런 소리를 못들은 척하고 고른 걸음으로 위엄있게 걸으려고 애썼다.

학생들은 그를 괴롭히기 위한 새로운 방법들을 계속 생각해냈다. 그가 아침에 지하실의 자기 방에 가 보면 욕지거리와 위협이 적힌 쪽지들이 문과 마룻바닥 사이의 틈으로 들어와 있었다.

그는 이러한 모욕적인 취급을 수동적으로 받아들이기만 하는 자신의 태도 때문에 자기의 남성다운 성격이 죽고, 결국 자기가 파멸되지 않을까 하는 걱정을 하게 되었다. 그는 이러한 문제들에 대해 아버지와 형에게 길고도 괴로운 편지를 썼다.

그의 아버지는 이런 답장을 보내왔다.

'그들이 그렇게 행동하는 것은 두려움을 느끼기 때문이라는 것을 잊지 말아라. 그들은 네가 그 대학에 다니기 때문에, 자기들의 교육과 출세에 지장이 있을까봐 두려워하는 것이다. 그들에게 네 진심을 알리고, 네가 절대로 그들의 장래에 손해를 끼칠 사람이 아니라는 것을 이해할 만한 시간적 여유를 주어라.'

그의 형에게서는 이런 편지가 왔다.

'무척 어려우리라 믿는다. 그러나 우리 모두가 깊은 생각

과 기도로 너와 함께 있다는 사실을 잊지 말아라.'

조지는 그 편지를 읽으며 쓴웃음을 지었다. 그는 이 곳의 흑인들이 불안한 눈초리로 자기를 피하고 있는 사실을 형님이 안다면 무슨 말을 할까 의문스러웠다.

조지는 매일 밤 늦게까지 공부를 했음에도 불구하고 1학기말 시험에 간신히 합격했다. 학과 시간에 정신을 집중할 수가 없었던 것이 문제였다.

그래서 2학기에는 군대에서 배운 속기법을 이용해서 교수들의 강의 내용을 일일이 노트에 적은 다음, 밤이 되면 낮 동안의 괴로움을 잊고 강의 내용을 다 외울 수 있을 정도로 공부했다.

2학기말 시험을 치게 되었을 때, 그의 심신은 지칠 대로 지쳐 있었다. 그는 쓰러지지 않고 간신히 시험을 마칠 수 있었으나, 틀림없이 낙제 점수가 나올 것이라고 생각하였다. 그러나 최선을 다하였으므로 이제 명예롭게 대학을 떠나도 좋으리라 생각했다.

결과가 발표되는 날 오후에 그는 무거운 마음을 안고 지하실의 자기 방으로 내려가서 의자에 털썩 주저앉아 책상 위에 머리를 숙였다. 문 두드리는 소리가 났다.

"들어오십시오."

그는 자기 눈을 믿을 수가 없었다. 그의 반 학생 넷이 미소를 지으며 방 안으로 들어서고 있었다.

"이제 막 점수가 발표되었는데, 자네가 최고 점수를 받았어. 그걸 알려 주러 왔네."

그리고 나서 그들은 당황해하며 방을 나갔다.

너를 알 기회를 주어라

잠시 동안 그는 멍했으나, 이윽고 소용돌이 같은 감정이 그의 전신을 휩쌌다. 무엇보다 아버지와 친구들에게 낙제했다는 보고를 할 필요가 없어진 것에 안심이 되었다.

　조치 헤일리가 아칸소 대학의 2학년 공부를 하러 돌아왔을 때에는 그의 방문 밑으로 들어오는 증오의 편지 수가 훨씬 줄어 들었으며 학생들은 그의 우수한 성적에 대해 어쩔 수 없는 존경심 같은 것을 보이기 시작했다. 그러나 아직도 그가 어딜 가든 마치 동물원에서 나온 동물인 양 그를 쳐다보는 일은 계속되었다. 어느 날 이런 편지가 왔다.

　'우리 교회에서 주최하는 '흑백 친교주일' 행사에 귀하가 오셔서 토론에 참석해 주시기를 요망합니다.'

　웨스트민스터 장로회 학생회 서기의 이름으로 보내온 편지였다. 먼저 분노가 치밀었다. 흥, 토론을 하자고? 이 훌륭한 인사들은 내가 지옥 같은 1년을 보내고 있는 동안에 어디 있었단 말인가? 그는 초대장을 갈기갈기 찢어 쓰레기통에 던져 버렸다. 그러나 그 날 밤 그는 잠을 못 이루고 밤새 뒤척이다가 일어나서 가겠다는 답장을 썼다. 교회에 도착하니 여러 젊은 남녀가 반가운 악수와 밝은 미소로 그를 맞이하였다. 의장이 일어나서 조지를 소개하였다.

　"그리스도 안에서 한몸된 우리들이 흑백 문제에 대해 무슨 일을 할 수 있는지에 관하여 헤일리 씨가 좋은 말씀을 해주시리라 믿습니다."

　조지는 돌같이 굳은 자세로 일어나서 연단을 향해 걸어갔다. 의장의 소갯말들이, 부글부글 끓어오르며 그의 감정 속 깊이에 존재하고 있던 응어리진 무엇인가를 확 풀어 놓았다.

"여러분이 무엇을 할 수 있겠느냐고요?"

말이 쏟아져 나왔다.

"먼저 우리 흑인들에게 말부터 걸어 주십시오."

그때까지 쌓여 있던 감정들이 둑을 뚫고 쏟아져 나왔다. 그는 자기 나라에서 적과 같은 취급을 당하는 것이 어떤 것이며, 피부색이 다르다는 이유만으로 아무 죄도 없이 항상 쫓기는 듯한 생활을 하는 것이 정신에 어떤 영향을 미치고, 그리스도의 가르침이 이 세상에서는 아무 쓸모가 없다고 믿기 시작하는 것이 영혼에 어떤 결과를 가져 오는가를 쏟아 놓았다.

"나도 증오하기 시작했습니다. 나는 이 증오심을 물리치려고 내가 가진 모든 정신력을 다 동원해 보았지만 허사가 되고 말았습니다."

그는 고백했다. 갑자기 그의 눈에서 분노의 눈물이, 다음에는 수치의 눈물이 솟아 올랐다.

물을 끼얹은 듯 조용하던 청중에게서 박수 갈채가 터져 나왔다. 의장의 사회봉 소리에 다시 장내가 조용해졌을 때, 그들은 조지를 회원으로 가입시킬 것을 만장일치로 결정하였다.

그 뒤로 그는 주말의 일부를 웨스트민스터 회관에서 보내며 다른 사람들과 교제하는 기쁨을 맛볼 수 있었다.

대학에서도 조금씩 해빙의 기미가 엿보이기 시작했다. 조지와 같은 반 학생들도 조심스럽게 그에게 접근해서 이런저런 사건에 대한 의견을 잠깐씩 교환하곤 했다.

너를 알 기회를 주어라

그가 학교 식당에 가기로 결심한 것은 마지막 학년인 3학년이 되어서였다. 사실은 별로 가고 싶은 마음이 없었다. 마지막 해였으므로 그는 잔뜩 긴장했던 마음을 풀고 방어태세를 늦추고 싶었다. 그러나 그가 이 학교에 온 것은 교육 이상의 어떤 목적을 위해서였다. 학교 식당으로 가서 줄을 섰다. 그의 쟁반에 음식이 거의 다 담겨졌을 때 앞에 있던 몸집이 큰 세 학생이 고함을 질렀다.

"이 깜둥이야, 우리와 같이 먹겠단 말이냐?"

그들이 그를 밀쳐서 쟁반을 떨어뜨리자, 접시가 소리를 내며 깨졌다. 조지는 접시를 집어올리려고 몸을 숙이면서, 불타는 눈으로 그들을 노려보며 처음으로 미친 듯한 고함을 질렀다.

"너희들은 성인이야. 어른답게 행동해."

그들은 놀라서 물러섰다. 조지는 몸을 부들부들 떨면서 버린 음식 대신 새 음식을 담아 가지고 빈 식탁을 찾아가 앉았다. 그가 음식을 놓고 머리를 숙였을 때 머리가 벗겨지고 빼빼 마른 한 학생이 쟁반을 들고 그의 곁에 와 서며 말을 걸었다.

"내 이름은 밀러 윌리엄스야. 앉아도 되겠어?"

조지는 고개를 끄덕였다. 그들 두 사람은 모든 학생들의 눈총의 대상이 되었다. 비꼬는 소리들이 이 백인 학생에게 쏟아졌다. ―'검둥이 친구'라고.

"나는 아칸소에서 태어나서, 지금까지 남부에서만 살아 왔어. 그러나 여기에서 지금 일어나고 있는 일은 결코 옳지 못해. 그래서 나는 자네 친구가 되고 싶네."

마지막 학년은 조지뿐 아니라 자신들의 잘못된 편견을 버릴 수 있었던 백인 학생들에게도 놀라운 승리의 해가 되었다.

그는 법학지의 스텝으로 뽑혔고, 거기에 실린 그의 글이 아칸소 주 법학지 법인으로부터 상을 받았으며, 그의 논문이 그의 대학을 대표하여 전국 경연대회에 보내졌다. 교수 회의에서는 그를 모의 법정의 변호인으로 선출했으며, 법학지 동료들은 그를 비평 편집인으로 뽑았다.

매해 유수한 동문들이 교수회와 함께 법학지의 스텝들을 초대하는 만찬이 있었다. 무거운 마음으로 앞으로 일어날 일을 두려워하며 그가 호텔의 연회장에 들어섰을 때 그가 두려워했던 반응이 그대로 일어났다. 동문들이 들어서는 그를 본 순간 온 방안에는 침묵의 장막이 드리웠다.

조지는 마음이 몹시 언짢았다. 음식 맛도 모르면서 음식을 밀어 넣었다. 연설할 시간이 되었다. 법대 학장인 로버트 A. 레프라 교수가 학생 편집인들을 한 사람씩 소개했다. 조지는 자신의 얼굴 표정이 얼어붙는 것을 느꼈다.

"다음 젊은이는 우리 법대 학생 중 누구 못지않은, 아니, 더욱 존경을 받을 만한 학생입니다."

레프라 학장의 말소리가 들려왔다.

갑자기 11개의 의자 소리가 나더니 11명의 사람이 일어났다. 법학지의 학생 편집인들이었는데, 그들은 조지를 바라보며 열렬한 박수를 보냈다. 그러자 교수들이 일어나서 박수를 보내왔다. 마침내 옛 졸업생들이 일어났는데, 이들은 모두 남부 출신의 판사들과 변호사들과 정치인들이었다. 박수소리가 천둥 소리 같았으며 그들은 모두 이렇게 소리치고 있었다.

"연설하시오! 연설하시오!"

조지 헤일리는 간신히 일어섰다. 그는 울고 있었기 때문에 아무 말도 할 수 없었다. 그러나 그 날은 눈물도 하나의 연설이었다.

지금 조지는 켄자스 주 켄자스 시에서 존경받는 변호사로 일하고 있다. 그는 여러 흑인회사의 설립을 도왔으며, 그 곳의 교회에서 30여 년 동안 집사로 일해 왔을 뿐 아니라, 아칸소 주 공화당의 부회장으로도 활동하고 있다.

옛 급우들 중 10여 명이 조지와 가깝게 지내고 있지만 그 중에서도 그를 한 사람의 인간으로 맞이하여 준 가장 감동적인 예가 있다.

어느 날 전화가 걸려 왔다. 밀러 윌리엄스였다. 그는 학교식당에서 조지와 기꺼이 함께 앉았던 바로 그 사람이다. 지금 루이지애나 주립대학의 영어 교수로 있는 밀러는 전화로 자기네 부부에게 딸이 태어났음을 알려온 것이다.

"루시와 나는 자네가 우리 딸의 대부가 되어줄 의사가 있는지 알고 싶네."

이 단순한 요청이 두 사람 사이의 사랑과 존경을 영원히 참다운 것으로 만들었다. 조지는 오랫 동안의 투쟁과 고통이 값진 것임을 알았고, 또한 자기 아버지의 말이 옳았다는 것도 알았다.

'인내심을 발휘하라. 그들에게 너를 알 기회를 주어라.'

한 줌의 소금

만약 한 사람의 인간이 최고의 사랑을 성취한다면,
그것은 수백만의 미움을 해소시키는데 충분합니다.

그는 행동하기로 결심했다. 봉기인가? 혁명인가? 영국 식민지 정부에 대한 분노와 저항인가? 그 어느 쪽도 아니었다. 이 날 마하트마 간디는 78명의 남녀와 함께 해안까지 이어질 행진을 시작했다. 꼬박 400킬로미터나 되는 행진이었다.

금방이라도 터질 것 같은 긴장이 감돌았다. 인도 국민뿐 아니라 관심이 있는 수많은 유럽인과 미국인들도 사태를 주시하고 있었다. 전세계의 유력한 언론들은 이미 특파원들을 아메다 바트로 파견해 놓았다.

그러나 행진 말고는 아무 행동도 없었다. 그런데 바로 이 행진에 의해 영국인들의 인도 통치는 기반부터 흔들리게 되었다. 뒷날 저 유명한 '불복종 저항운동'(사티야그라하)의 상징이 되었던 이 거사를 시작하면서 간디는 '우리는 신의 이름으로 행진한다'고 천명했다.

'불복종 저항운동.'

이것은 간디가 인도의 사상으로부터 창출한 저항의 한 형태로서 자발적인 희생을 그 기반으로 삼고 있는 것이다.

그가 중시한 것은 그 말의 원래 의미인 인내나 무위(無

爲)가 아니라, 재산상의 손실이나 배고픔, 그 밖의 고통과 희생, 그리고 최후에는 죽음까지 감내하더라도 자신의 올바름을 입증해야 한다는 적극적인 저항정신이었다. 물론 간디가 무조건의 자기희생을 전제로 한 것은 아니지만, 엄청난 극기를 요구한 것만은 분명했다.

간디는 다음 네 가지 목표들을 어떻게 하나의 운동으로 통합시킬 수 있을지 오랫동안 생각해 왔다. 첫째, 영국의 정책에 대한 저항을 확산시킬 것. 둘째, 급진적인 청년 정치가들에게 신중한 행동 방식의 모범을 제시할 것. 셋째, 광범위한 민중의 지지를 얻을 것. 마지막으로, 국민 대중에게 불복종 운동의 이념을 이해시켜 불필요한 폭력 충돌을 막도록 교육시킬 것.

이러한 네 가지 목표를 동시에 실현한다는 것은 실로 어려운 문제였다. 간디는 6주 동안 고민한 끝에 마침내 해결의 실마리를 찾아냈다. 그는 '소금'이 문제 해결의 단서가 될 수 있다고 보았다. 그 때 다른 물품과 마찬가지로 소금에는 높은 세금이 부과되었다. 이 세금이 특히 수많은 빈민들에게는 엄청나게 가혹한 부담이었다. 탈세는 물론이고, 민간 차원의 소금 채취도 법으로 엄하게 금지되어 있었다.

간디는 총독에게 보내는 서신에서 억압적이고 불공정한 처사를 지적하면서 소금 전매제도를 철폐하라는 통첩과 함께 상징적인 행동에 들어갔다. 그가 살던 굳세라트에서 바다까지는 400킬로미터의 거리였다. 3월 12일, 그는 추종자 78명과 함께 해안까지의 시위행진을 시작했다. 의회당의 신문은 경찰에 공표하기 위해 참가자들의 명단을 실었다. 경찰은 정부의 명령에 의해 강압적인 조치를 자제하고 있었다. 적어도 그때까지는 그랬다.

봄이지만 벌써 햇살은 따가왔다. 먼지가 이는 도로 사정도 별로 좋지 않았다. 곧 첫 번째 낙오자들이 생겼다. 그러나 참가자들 중에 가장 나이가 많은 61살의 간디만큼은 결코 약한 모습을 보이지 않았다. 그는 설명했다. "한 차례 휴식을 취하고 짐 없이 하루에 12마일씩 걷는 일은 어린애 장난 같은 것이다." 그러나 12마일(약 20킬로미터)도 그리 간단하지는 않았다. 멀리서부터 주민들이 '마하트마'(간디에 대한 경칭)의 연설을 듣고자 몰려왔기 때문이다. 그래서 그는 몇 차례씩 더 쉬면서 지체해야 했다. 간디는 가는 곳마다 즉석집회를 가졌다. 이로써 그는 25년 동안 추구해 온 이념을 다시 한 번 국민들에게 알려 줄 좋은 기회를 얻었다.

청결하고 청빈한 생활을 역설한 그의 가르침은 통상적인 말뜻을 훨씬 뛰어넘어 인도인들의 생활을 잠식하는 암적 병폐를 겨냥한 것이었다. 청결에 대한 요구는 이를테면 거리 청소와 같은 '너저분한 일'을 스스로 해야 한다는 요구를 포함하고 있었다. 그러나 정통 힌두교도들은 이를 무조건 거부했다. 이런 일은 '천한 자'들의 몫으로 되어 있었다. 즉 종교적 규정에 따라 사회에서 천대받는 불행한 하층민들의 일거리였던 것이다. 간디는 그가 직접 모범을 보여야 카스트 제도가 낳은 끔찍한 사회적 갈등을 완화시키고 점차 폐지시키려는 노력이 확산될 수 있다는 것을 잘 알고 있었다. 그는 기회 있을 때마다 직접 카스트 제도의 계율들에 비판을 가했다.

그가 집회에서 내세운 또 하나의 구호는 '홈스펀'(집에서 짠 옷감)이라는 것이었다. 말하자면 집에서 만든 물건을 사용해야 한다는 주장이었다. 실을 잣는 물레는 이미 오래 전부터 간디의 중요한 상징이 되어 있었다. 이것은 빈민들에게는 부수입원이 되었으며, 부유한 사람들에게는 여가를 뜻있게 보내는 것을 의미했다. 간디와 그의 일부 추종자들에게 물레로 실을 잣는 일은 내부 모임과 결속을 위한 수단이 되었는데, 그는 특히 이러한 측면을 중시했다. 직접 천을 짜서 쓰는 것은 외제 물품에 대한 불매운동의 일환으로서 불복종 운동의 취지를 실현하는 것이기도 했다.

4월 5일 마침내 그는 수천 명의 동참자들과 함께 인도양의 단디 만(灣)에 도착했다. 대중들의 열기는 갈수록 고조되어 식을 줄을 몰랐다. 취재기자들은 간디가 이 흥분을 과연 통제할 수 있을지 지켜보고 있었다. 그러나 이러한 걱정은 기우에 불과했다. 간디와 의회당은 아무도 무기를 지녀서는 안 된다는 엄한 금지령을 발표했다. 간디는 밤새 기도에 몰입했다.

4월 6일 아침 동녘이 밝아왔다. 그는 가볍게 부서지는 파도 속으로 천천히 걸어가면서 기도했다. 그는 잠시 그렇게 멈춰 서 있다가 돌아섰다. 물가를 바라보고 있던 군중들 사이에 숙연한 정적이 흘렀다. 군중들은 간디를 중심으로 바다 쪽을 향해 반원을 그렸다. 아무리 단순한 사람이 보더라도 이제 뭔가 위대한 사건이 벌어지리라는 것을 직감할 수 있었다.

단신의 노인은 모두에게 보이도록 천천히 몸을 구부려 모래사장에 쌓아 놓은 건조된 소금을 조금 집어올렸다. 여전히 깊은 정적이 감돌았다.

그러자 한 여자가 간디를 향해 큰 소리로 외쳤다.

"해방자 만세!"

이 외침으로 침묵의 최면에서 깨어난 듯 군중들은 일제히 환호하기 시작했다. 환호는 그칠 줄 모르고 계속되었다. 사람들은 사방에서 간디를 향해 몰려들었고, 간디는 사람들의 물결에 떠밀려 갔다. 유사 이래 혁명의 조짐치고 이처럼 기이한 사례도 없을 것이다. 또한 이처럼 평화로운 봉기도 드물었다. 이제 전세계에 간디의 진정한 위대함과 중요성이 비로소 밝혀졌다. 수천 명이 반정부 시위에 참여하기는 어렵지 않다. 그러나 빈부와 학식의 차이를 막론하고 수백만의 사람들을 오직 한 개인의 모범으로써 이끌기 위해서는 위대한 카리스마가 필요하다.

이제 신호탄은 울린 셈이다. 이 소식은 대중매체 덕분에 신속히 전국으로 전파되었다. '소금법을 폐지하라!' 그 목소리가 어디서나 울려퍼졌다. 벌써 사람들은 가마솥을 들고 나와 인도의 긴 해안을 따라 소금을 직접 만들기 시작했다.

특이하게 식민정부에서는 이때까지도 침묵을 지키고 있었다. 총독은 개인적으로 이미 간디의 행동계획을 통보받았지만, 아직 간디는 아무런 저지를 받지 않고 있었다. 단디에서도 체포 행위는 없었다. 그러나 이제 정부는 대규모

한 줌의 소금

검거를 계획하고 있었다. 바다의 소금을 거저 가지려는 '비렁뱅이 악귀들'은 물론이고 내륙 도시에서 항의 행위로 소금을 밀거래하려는 부유한 의회당 당원들도 검거 대상에 포함되었다. 부유한 의회당 당원들은 상징적인 시위로서 일부러 소금을 비싸게 사서 몇 루피씩만 받고 가난한 사람들에게 팔거나 아예 공짜로 나눠주기도 했던 것이다.

해안 지역 어디서든 인도 전역에 퍼진 구호는 '소금! 소금! 소금!'이었다. 각 지방이 점차 이 운동에 휩싸였다. 영국의 식민정부가 촌장들에게 시위대를 막으라고 요구하자 이들은 대부분 직책을 버렸다. 봉기에 참여한 사람들이 계속 질서를 유지하고 간디 및 의회당이 제시한 수칙들을 엄수했던 반면에 경찰은 차츰 평정을 잃기 시작했다.

인도 서북부 국경도시인 페스하바에서 마침내 장갑차가 시위군중을 향해 기관총을 난사했다. 70명이 길바닥에 쓰러져 죽었고, 삽시간에 7만여 명이 체포되어 감옥에서 재판을 기다리거나, 즉결처분으로 몇 주 또는 몇 달씩의 징역형을 받았다.

간디는 바닷가 어느 마을의 작은 헛간에서 불편하게 기거하고 있었다. 5월 4일 밤에 한 명의 영국군 장교가 인솔하는 30명의 중무장 인도인 경찰 순찰대가 간디를 체포하러 왔다. 그에 대한 체포령은 아직 공식적인 식민정권이 들어서기 이전인 1827년의 법령을 근거로 한 것이었다. 식민지 당국이 속이 빤히 들여다 보이는 핑계를 대고 정치가를 체포하여 법정에 세우는 일은 식은죽 먹기였다. 더욱이 간디에게는 이러한 체포가 전혀 새로운 것도 아니었다. 이미 8년 전에 그는 처음으로 내란죄로 기소되어 6년 형을 선고받았으며, 건강 악화로 인해 1924년에 가석방된 상태였다.

이번 체포가 있기 전에 총독에게 보내는 편지에서 그는 동지들과 함께 봄베이 북방 약 200킬로미터 지점에 위치한 다라사나 제염소를 점령하겠다고 통보했다. 그의 추종자들은 이 계획을 반드시 성사시킬 것을 결의했다. 여류작가 사로이니 나이두가 2,500여 명이 자원한 이 거사를 지도하게 되었다. 그녀는 단디 만 염전에서 펼쳐진 드라마야말로 불복종 운동의 진수를 가장 감동적으로 보여 준 대역사라고 생각했다.

무거운 침묵 속에서 시위대의 첫 번째 대열이 서서히 접근해 가자 제염소를 지키고 있던 6명의 영국군 장교가 지휘하는 원주민 경찰병력 4,000여 명이 단 한 번의 명령에 다가오는 사람들을 덮쳤다. 영국 기자는 눈앞에서 벌어진 피의 장면을 객관적인 목격자의 냉철한 언어로 묘사했다.

"경찰들은 행진하는 사람들의 머리를 철제 진압봉으로 내리쳤다. 그러나 하다못해 팔이라도 올려 타격을 피하는 사람은 없었다. 그들은 통나무처럼 쓰러졌다. 내가 서 있는 곳에서 진압봉으로 맨머리를 내리치는 소리를 생생히 들을 수 있었다. 얻어맞은 사람들은 바닥에 쓰러져서 의식을 잃거나 고통에 괴로워하고 있었고, 아직 쓰러지지 않은 사람들은 자기 차례가 될 때까지 대열을 이탈하지 않은 채 고통을 견디고 있었다. 누구나 자기가 몇 분 뒤면 쓰러지거나 죽을지도 모른다는 것을 알고 있었지만, 아무도 떨거

한 줌의 소금

163

나 불안해 하는 사람은 없었다. 그들은 말없이 올라갔다. 그것은 전투가 아니었다. 사람들은 모두 다 쓰러질 때까지 전진했다."

320명이 부상당했고, 그 중에 상당수는 의식을 잃고 병원으로 옮겨져 사경을 헤매고 있었다.

이것이 과연 무의미한 희생이었을까? 1930년대의 인도 상황에서 보면 얼핏 그렇게 보일 수도 있을 것이다. 실제로 소금 독점에 맞선 투쟁은 이내 썰물처럼 밀려나 가라앉고 말았다. 그러나 역사는 이미 오래 전부터 간디의 편이었다. 소금 투쟁은 상징적인 등대가 되었다. 국민들은 카스트 제도의 최하층에서 지도층에 이르기까지 최초로 광범위한 연대를 하게 되었다. 바로 이 점에 세계는 관심을 가졌으며, 간디의 생각을 이해하게 되었다.

인도의 위대한 시인 라빈드라나트 타고르는 1930년 3월 17일자 영국 신문에서 다음과 같은 주장을 밝혔다.

"과거 아시아에서 유럽이 누리던 도덕적 위신은 완전히 실추되었다. 머지않아 유럽은 공정한 행위의 옹호자나 고귀한 원칙의 대변자가 아니라, 서구인의 지배를 옹호하는 착취자로 간주될 것이다. 이것은 유럽의 도덕적 패배를 의미한다. 아시아가 아직 힘이 미약하여 절박한 생존을 위협받으면서도 스스로를 지켜내지 못할지라도, 그렇지 않다면 존경했을 유럽을 이제는 경멸할 수 있게 되었다."

청년정신
위대한 일의 대부분은 청년기에 싹이 틉니다

　우리는 알프스 기슭의 완만한 언덕길을 달리고 있었다. 베로나 가까이 왔을 때 길 한복판에 두 아이가 나타났다. 그래서 차는 부득이 멈춰서야 했다. 그들은 산딸기 파는 아이들로, 나뭇잎을 깐 바구니 안에 맛있어 보이는 산딸기를 가득 담아 들고 있었다. 운전사 두이지가 불쑥 말했다.
　"사지 마세요. 베로나에 가면 훨씬 좋은 산딸기를 얼마든지 살 수 있지요. 그리고 저 애들 꼴을 보니……."
　그는 어깨를 으쓱했다.
　한 아이는 허름한 운동복 웃옷에 짧은 카키색 바지를 입고, 또 다른 아이는 어른 군복을 줄여 삐삐 마른 몸을 감싸고 있었다. 둘은 생김새도 비슷해, 갈색 피부에 검은 머리칼이 제멋대로 흐트러지고 엉겨붙어 지저분해 보였다. 하지만 나는 이 아이들에게서 성실한 인상을 받아 왠지 마음이 끌렸다. 내 동행자도 같은 느낌을 받았는지 운전사의 말엔 아랑곳하지 않고 소년들에게 말을 걸었다.
　두 아이는 형제였다. 형 니콜라는 13살이고, 키가 자동차 손잡이에도 못 미치는 조그마한 동생 자코보는 11살이었다. 우리는 아이들의 산딸기를 바구니째 샀다. 그리고 다시 베로나를 향해 출발했다.

베로나는 참으로 인상적인 도시였다. 발길 닿는 곳마다 오랜 역사의 푸른 이끼가 발에 묻어나는 것 같은 느낌을 주었다.

이튿날 아침 우리는 관광을 하러 호텔을 나섰다. 차가 광장 분수대 옆에 이르렀을 때, 운전사에게 차를 세우라고 말했다. 분수대 옆에 앉아 열심히 구두를 닦고 있는 두 아이의 모습이 어딘지 친근감이 들었기 때문이었다. 내 느낌은 맞았다. 그들은 바로 어제 오후 베로나 근처 언덕길에서 만난 산딸기를 팔던 아이들이었다.

우리는 재빨리 다가가 말을 걸었다.

"너희들이 산딸기 팔던 아이들인 줄 알아보았다."

두 아이 얼굴이 환하게 밝아지면서 우리를 알아보고 대답했다.

"우리는 가리지 않고 닥치는 대로 일해요."

형 니콜라의 말이었다.

"우리는 관광객들을 모시고 안내를 하기도 해요. 줄리엣의 무덤이라든가 그 밖에 이름난 곳을 다니지요."

나는 소년들에게 미소를 지어 보였다.

"좋아. 우린 관광차 여기에 온 거니 마침 잘 되었구나. 그럼, 너희들의 안내를 한번 받아 볼까?"

내 말이 끝나기 무섭게 두 아이는 빠른 손놀림으로 구두 닦이통을 챙겨들고 일어섰다.

그들의 안내로 우리는 시내 곳곳을 구경하고 다녔다. 두 아이는 순진무구한 어린이들이었다. 동생 자코보는 다람쥐처럼 팔짝팔짝 뛰며 재기 넘치는 생기를 보였고, 형 니콜라는 얼굴에 늘 귀여운 미소를 띠고 있어 아주 매력적이었다. 하지만 그들의 어린이다운 행동 중에는 그 또래 다른 아이들에게서는 찾아볼 수 없는 색다른 것이 숨겨져 있었다. 무엇보다도 먼저 그들은 일에 대한 진지한 태도를 갖고 있었다. 그리고 나이를 넘어선 참을성 있는 의지력을 갖추고 있었다.

그 뒤 일주일 동안 우리는 그 아이들과 자주 만났다. 미국산 담배가 필요하다든가, 오페라 입장권을 살 때라든가, 맛있는 라비올리 요리를 먹고자 할 때 우리는 니콜라와 자코보를 찾았다.

아이들은 자기들에게 책임지워진 일에 대해 조금도 겁을 내거나 짜증내지 않았다. 그런 아이들의 태도는 우리들에게 강렬한 인상을 남겼다. 그토록 햇살이 따갑고 긴 여름날 쉴새없이 구두를 닦든가, 과일을 팔든가, 이리저리 뛰며 신문을 팔든가, 관광객을 안내해 다니든가, 온갖 자질구레한 심부름을 하든가……말 그대로 닥치는 대로 일거리를 맡으려고 전쟁 뒤의 불경기로 침체된 도시를 분주히 휩쓸고 다니는 것이었다.

어느 날 나는 구두를 닦을 셈으로 그들이 있는 분수대 앞으로 나갔다.

"너희들 정말 열심히 일하는구나. 어때, 수입도 꽤 되지?"

그런 뒤 나는 새삼 그들의 차림새를 훑어보고 나서 물었다.

"그런데 너희들은 옷차림에 전혀 신경을 쓰지 않는구나.

청년정신

그렇다고 잘 먹는 것 같지도 않고 말이야. 검은 빵에 무화과를 사먹는 게 고작이잖아. 그렇게 열심히 일해서 번 돈은 다 어디에 쓰니?"

니콜라의 햇볕에 탄 검은 뺨이 붉게 상기되더니 이내 하얘졌다. 그는 고개를 떨구었다.

"설마 미국으로 이민가려고 저축하고 있는 건 아니겠지?"

그는 고개를 들어 나를 올려다보았다.

"이민요? 미국으로 이민갈 수 있다면 얼마나 좋을까요. 하지만 그건 꿈도 못 꿀 일이고, 지금은 다른 계획이 있어요."

"그 계획이 뭔데?"

그는 이야기하기 곤란하다는 듯 어색한 웃음을 지어 보였다.

그리고는 마지못해 속삭이는 듯한 목소리로 대답했다.

"그냥…… 좀 그런 일이 있어요."

"그러니? 우리는 다음 월요일에 이곳을 떠날 예정이야. 그전에 너희들을 위해 뭔가 도울 일이 없을까?"

니콜라는 말없이 머리를 흔들었다. 그런데 그 때 잠들어 있는 것처럼 보였던 자코보가 별안간 눈을 번쩍 뜨더니 콧구멍을 벌름거리며 불쑥 대답했다.

"저희들은 매주 일요일 폴레타라는 곳에 가거든요. 자전거로 다니는데 굉장히 힘들어요. 선생님 차로 저희를 그곳까지 좀 데려다 주시겠어요?"

나는 흔쾌히 말했다.

"좋아, 내가 직접 데려다 줄게."

잠시 침묵이 흘렀다. 형 니콜라는 꾸짖는 눈초리로 동생을 노려보고 있었다.

"저희들은 선생님을 괴롭힐 생각은 없었는데……."

"아냐, 난 너희들을 돕게 되어 즐거운데."

이튿날 오후 나는 그들을 태우고 폴레타를 향해 출발했다. 밤나무 숲에 둘러싸인 언덕이 있는, 한 폭의 그림 같은 고장의 모습이 멀리서 눈에 들어왔다. 언덕 기슭 곳곳에 소나무들이 서 있었고, 그 밑으로는 깊고 푸르게 흔들리는 호수가 있었다. 나는 차를 몰면서 멋대로 상상의 날개를 펼쳤다. 분명 산골의 초라한 오두막집 앞에서 소년들이 차를 세워 달랠 거라고 믿었다.

그런데 목적지에 닿아 보니, 놀랍게도 담이 높은 붉은 벽돌로 지은 커다란 별장이었다. 나는 내 눈을 의심하며 두리번거렸다. 그러는 사이에 두 아이는 재빠르게 차에서 뛰어내렸다.

"저, 선생님, 한 시간쯤 걸릴거예요. 그동안 저기 마을 찻집에 가셔서 차나 한 잔 드시면 어떻겠어요?"

그리고 그들은 담모퉁이를 돌아 사라졌다.

나는 잠시 생각에 잠겨 있다가 마음을 가다듬어 그들의 뒤를 따라가 보기로 했다. 담모퉁이를 돌아서자 쇠창살로 된 철문이 보였다. 나는 크게 숨을 들이쉰 다음 초인종을 눌렀다. 곧 몸집 좋고 안경 낀 중년부인이 나왔다. 흰 가운을 입은 걸 보니 간호사인 듯했다.

"방금 이곳으로 들어간 두 아이를 데리고 온 사람입니다

청년정신

169

만……."

"니콜라와 자코보 말씀이지요. 들어오시지요."

부인은 깨끗해 보이는 타일로 된 지붕의 현관을 지나 집 안으로 나를 안내했다. 별장으로 지어진 집을 근래 들어 병원으로 쓰고 있는 것이었다. 우리는 복도를 걸어 위층으로 올라갔다. 정원과 연못이 내려다보이는 서쪽 발코니 앞의 한 방에 이르렀을 때 간호사는 걸음을 멈추었다. 그리고는 손가락을 입술에 가져다 대고 살짝 웃음을 띠며 유리 칸막이 건너편의 방안을 손가락으로 가리켰다.

침대 위에는 20살쯤 되어 보이는 한 처녀가 베개에 기대어 앉아 있었고, 자코보와 니콜라는 그 옆 의자에 앉아 예쁜 레이스 자켓을 입은 처녀에게 무슨 이야기인지 쉴새없이 떠들어 대고 있었다. 처녀는 눈을 동그랗게 뜨기도 하고, 미소를 짓기도 하면서 아이들 이야기에 귀기울이고 있었다. 처녀의 볼은 발그스름하게 물들어 있었으나 어딘지 피로하고 병약해 보였다. 한쪽 벽에 붙은 책상 위 꽃병에는 들꽃이 꽂혀 있었고, 과일이 담긴 바구니와 책이 몇 권 놓여 있었다.

간호사가 말했다.

"들어가시겠어요? 루시아가 무척 반가워할 텐데요."

나는 미소를 띠며 고개를 가로저었다. 나는 그들의 따뜻한 분위기에 끼어들어 방해꾼이 되고 싶지 않았기 때문에 그대로 발길을 돌렸다. 간호사도 아래층으로 나를 따라 내려왔다. 나는 그녀에게 두 소년과 그 처녀에 대해 아는 바를 모두 이야기해 달라고 부탁했다.

내 짐작대로 환자인 그 처녀는 두 아이의 누이였다. 아이들에겐 루시아라는 그 누이 이외에 가족이라곤 아무도 없다는 것이었다. 어머니는 아이들이 어려서 죽었고, 라 스칼라에서 박수갈채를 받던 성악가였던 아버지까지도 전쟁통에 피살되었다는 것이었다. 어린 세 남매에게 재난은 가혹하게 이어졌다. 아버지를 잃고 얼마 안 되어 이번에는 집이 폭격되어 무참히 파괴되었다. 세 남매는 오갈 데 없이 길바닥에 나앉게 되었다.

남부럽지 않은 가정에서 태어나 경제적·문화적으로 유복하게 자라 온 이들에게 불어닥친 재난은 너무도 처절했다. 루시아는 아버지의 영향을 받아 성악 공부를 하고 있던 참이었다. 세 남매는 폐허 위에서 거적을 걸치고 겨울을 지냈다. 베로나의 혹독한 추위와 굶주림의 고통을 견뎌 내면서 간신히 살아가고 있었던 것이다.

전쟁이 계속되는 2, 3년 동안 독일은 정예부대로 짜여진 사령부를 베로나에 주둔시켜 냉혹한 폭정을 하고 있었다. 아이들은 이 무자비한 점령군들을 미워했다. 그래서 시민들로 이루어진 저항운동의 비밀결사 소식을 듣자, 두 아이는 주저없이 그 곳을 찾아갔다. 그것은 아이들의 '전쟁놀이'가 아닌 목숨을 건 피의 투쟁이었다. 아이들의 어린 나이와 빈약한 체격이 오히려 이러한 비밀결사에는 도움이 되었다. 게다가 그들은 베로나 언저리 산야의 지리를 잘 알고 있어 비밀결사에서 꼭 필요한 존재가 되었다. 두 아이는 여러 지하 저항운동 단체 사이를 오가며 작전지시와 정보를 전달하는 막중한 임무를 맡아 수행했다. 더구나 독일군의 동태를 살펴 보고하는 위험한 임무까지도 맡았다.

간호사는 여기까지 말하고 잠시 손등으로 젖은 눈시울을 훔쳤다. 그리고는 슬픔어린 목소리로 말을 이었다.

"어린애들이 정말 훌륭하게 맡겨진 일을 해냈지요. 들키기라도 하는 날에는 무시무시한 고문 끝에 총살형에 처해질 게 뻔한데도, 비밀편지를 구두닦이 통에 숨겨 한밤중에 산길을 넘나들곤 했답니다. 그런 고생중에 전쟁이 끝났지요. 그러나 평화를 되찾은 기쁜 마음으로 누이 루시아를 찾아왔을 때, 루시아는 전쟁 중에 겪은 고생으로 결핵에 걸려 있었답니다."

또다시 간호사는 잠시 하던 말을 멈추고 한숨을 내쉬었다.

"저 아이들은 절망했지만 이내 용기를 되찾았지요. 아이들은 누이를 이 병원으로 데리고 와 치료해 달라고 사정했지요. 이제 루시아가 여기 온 지 21개월째 되었습니다. 예상보다 경과가 좋아 이제 조금만 더 치료받으면 완쾌되어 일어날 것이랍니다. 루시아는 다시 노래를 할 수 있을 거예요."

"아이들의 고생이 이만저만 아니겠군요."

"우리는 그 아이들이 무슨 일을 하는지 잘 몰라요. 일거리가 많지 않겠지만, 나쁜 짓을 해서 돈을 벌지는 않으리라 믿어요."

약속대로 한 시간쯤 밖에서 기다리자 소년들이 나왔다. 베로나에서 돌아오는 길에 그들은 한 마디도 입을 열지 않았다. 그러나 얼굴에는 흐뭇해 하는 만족감이 어려 있었다.

나 역시 말을 걸지 않았다. 아이들이 누구에게도 알리고
싶지 않은 비밀을 잘 지켜 냈다는 흡족함에다 누이를 만난
즐거움을 더 한층 크게 해 주기 위해서였다. 하지만 아이
들의 헌신은 내 가슴에 실로 깊은 감동을 주었다.
　인간의 터전인 자연을 황무지로 만든 그 엄청난 전쟁도
이 작은 청년들의 의지를 꺾지는 못했다. 너무 이르게 삶
의 고뇌를 겪어야 했던 아이들은 이에 굴하지 않고 의연한
용기로 꿋꿋하게 버텨 낸 것이다. 이들이야말로 남을 위하
여 스스로를 내던지는 인간의 고귀성을 행동으로 보여 주
었을 뿐 아니라, 인간 사회의 보다 밝은 미래를 약속해 주
는 늘 푸른 청년정신으로 자라나는 희망이라는 생각이 들
었다.

청년정신

감옥 안 감옥 밖

자유라는 것은 우리가 자기 자신 속에 지니고 있는 왕국입니다.

　우리는 감옥에서 잠시 독수리를 길렀다. 매우 작은 독수리로 다쳐서 거의 죽어 가는 것을 어떤 죄수가 가져온 것이다.

　죄수들이 독수리 주위에 모여들었다. 오른쪽 날개를 크게 다쳐 전혀 날지 못했다. 그리고 한쪽 다리도 다친 상태였다. 독수리는 구경하는 군중을 성난 듯 노려보았다. 그리고 갈고리 같은 부리를 딱 벌렸다. 어차피 버릴 목숨이라면 값싸게 버리지 않겠다는 듯이.

　죄수들이 꽤 오래 그놈을 구경하다가 흩어지자, 독수리는 한쪽 발로 깡충깡충 뛰고 날개를 파드득거리며 구석으로 가 움츠리고 있었다. 독수리는 감옥 뜰에 석 달 동안 있었으나 단 한 번도 그 구석진 곳에서 나오지 않았다.

　때로는 죄수들이 개를 부추겨 싸움을 붙이기도 했다. 개는 으르렁거렸지만, 가까이 가는 것을 두려워했다.

　그것이 죄수들을 즐겁게 해 주었다.

　"무서운 모양이지! 겁쟁이군."

　그러나 한참 뒤 개는 무서움을 떨치고 독수리를 짓궂게 놀려대기 시작했다. 우리가 부추겨 주면 개는 독수리의 쓰지 못하는 날개를 물어 뜯으려 했고, 독수리는 온 힘을 다해 재빨리 발톱으로 막았다. 그리고 상처입은 왕처럼 자기의 재난을 구경하는 사람들을 노려보면서 거만하고 사나운 몸짓으로 점점 더 구석으로 기어들어가는 것이었다. 죄수들은 곧 장난에 싫증이 났고, 독수리 생각은 아예 잊고 말았다.

누군가가 날마다 고기 한 점과 물 한 그릇을 갖다 주었다. 처음 며칠 동안 독수리는 아무것도 먹으려 하지 않았으나, 마침내 먹기로 결심한 듯했다. 그러나 절대로 사람 손에서 직접 받아 먹거나, 보는 데서 먹지 않았다.

나는 좀 멀리 떨어진 곳에서 놈이 먹는 모양을 관찰할 수 있었다. 아무도 곁에 없다고 생각하자 놈은 거리낌없이 그 구석에서 나왔다. 울타리를 따라 열두어 발자국 절룩거리며 걷더니 제자리로 돌아갔다. 마치 의사 명령에 따라 건강을 위하여 운동하듯이. 몇 번 그러던 독수리는 나를 보더니 아픈 다리를 끌고 한쪽 다리로 뛰어 재빨리 구석으로 들어가 버렸다. 그리고 목을 젖히고 부리를 딱 벌리고는 털을 거꾸로 세웠다.

나는 놈을 쓰다듬어 주려 했으나 헛수고였다. 손을 대면 곧 물어뜯고 버둥거리는 것이었다. 두어 번 내가 준 고기를 받아먹은 일이 있으나, 내가 곁에 있는 동안은 찌를 듯한 흉악스러운 눈초리로 노려보았다. 놈은 원한을 품고 죽음을 기다리고 있는 것이었다. 독수리는 그 무엇에도, 그 누구와도 화해하려 들지 않았다.

죄수들은 두 달 가까이 잊고 있다가 다시 독수리를 생각해냈고, 뜻밖에도 동정을 나타냈다. 그리하여 밖으로 내보내 주기로 결정했다.

"죽게 해 줘. 그러나 자유의 몸으로 죽게 해."

"그래! 이렇게 자유스럽고 사나운 새는 도저히 감옥살이를 할 수 없어!"

"그렇지. 놈은 우리와 달라!"

"그래, 놈은 새야. 우리는 사람이고."

"여러분, 독수리는 숲의 왕이오!"

어느 날 오후, 작업을 알리는 북소리가 울렸을 때 우리는 독수리를 붙잡아 부리를 묶어 감옥 담장 위로 데리고 나갔다. 놈은 죽을 힘을 다해 덤벼들 태세였다. 12명의 죄수는 놈이 어디로 갈 것인지 궁금해 하며 모두 마치 자기가 자유를 얻는 듯이 기뻐했다.

독수리를 잡고 있던 사나이가 이 심술궂은 새를 귀여운 듯이 바라보면서 말했다.

"요 맹랑한 새야! 너에게 자유를 주려는데, 네놈은 마구 물어뜯는거냐!"

"날려 보내게, 어서!"

"징역살이는 놈에게 어울리지 않아! 자유의 몸이 되도록 해 주게. 기쁜 자유의 몸으로!"

그들은 독수리를 초원 위로 내던졌다. 늦은 가을이어서 스산하고 추웠다. 바람이 텅 빈 초원에 누렇게 말라빠진 풀 사이를 매섭게 소리내며 몰아쳤다.

독수리는 상처입은 날개를 퍼득이며 곧바로 날아갔다. 한시라도 빨리 우리 눈초리에서 벗어나 몸을 감춰 버리려는 듯이. 죄수들은 머리를 쳐들고 날아가는 독수리를 정신

없이 바라보았다.

한 죄수가 매우 걱정스러운 듯 물었다.

"보이나? 응?"

"놈은 한눈도 팔지 않고 날아가는군."

"한 번도 뒤돌아보지 않나!"

"그래, 너는 놈이 혹시나 우리에게 고맙다고 인사하러 돌아오기라도 할 줄 알았나!"

"놈은 참 자유롭군! 놈은 그것을 느끼지! 느끼고 있어!"

"그렇다! 자유야!"

"이제는 다시 놈을 만날 수 없겠지, 그렇잖소? 여러분!"

간수가 고함쳤다.

"네놈들은 거기서 뭘하는 거야? 앞으로! 앞으로 갓!"

그들은 어슬렁어슬렁 작업장으로 걸어갔다.

감옥 안 감옥 밖

전쟁터의 천사

자기를 희생해 위대한 사랑을 실천하지 않아도 좋습니다
이제 미소 지으십시오. 평화는 작은 미소에서 시작됩니다

찌르는 듯한 통증이 조금 희미해져갈 때, 잭 깁스는 다시 생각했다.

"난 다시는 집으로 돌아가지 못할 거야."

그는 신음소리를 냈다.

"어쨌든 난 이것으로 끝이야."

그는 한숨을 쉬며 몸을 차갑고 거친 땅 위에서 좀더 편안한 자세로 틀려고 했다. 그러나 몸을 움직이자 다시 따뜻한 피가 흘러내리는 것이었다. 그는 조금이라도 살기를 바란다면 꼼짝않고 누워있어야 된다는 것을 깨달았다.

"그들이 날 후방의 병원으로 이송해 갈 땐, 이미 피를 많이 흘려 죽어있지 않으면 썩어 문드러진 내 다리 하나를 자르지 않을 수 없게 될 거야. 그럼 수잔에게 난 어떤 남편이 되는 거지? 그럼 난 수잔에게 다리가 하나뿐인 남편이……"

먹구름이 그의 머리 위로 드리워졌다. 그리고 그는 차츰 의식을 잃어갔다.

잭이 다시 눈을 떴을 때, 그는 자신이 죽어서 하늘나라에 와 있는 것이 틀림없다고 생각했다. 한 여자가 자신을

내려다보고 있었다. 남북전쟁의 전쟁터에서는 그런 일이 일어날 수가 없었다. 여자가 전쟁터로 나온 적은 한 번도 없었다. 어떤 여자가 그런 일을 하고 싶어하겠는가! 또, 그건 허락되지도 않는 일이 아닌가!

그러나 이 전쟁터에는 한 여자가 있었다. 그녀의 이름은 클라라 바튼이었다. 두 병사의 도움을 받아 그녀는 말이 끄는 마차에서 뜯어낸 임시 침대에다 잭을 눕혔다. 그녀는 가방에서 붕대를 꺼내어 그의 다리를 칭칭 감았다. 그리곤 그에게 진통제를 한 모금 주었다. 잭은 남아있는 기운으로 그것을 마셨다. 그러자 남자들이 그를 형편없어 보이는 구급차에다 실었다. 클라라 바튼은 이런 일을 하루종일 했다. 그녀는 수백 명의 부상자들을 구조하고 그들의 두려움을 달래고 그들의 고통을 진정시키고 그들의 상처를 소독했다.

이 끔찍한 전쟁이 시작된 이후로 한결같이 그녀는 전방에서 싸우고 있는 병사들을 걱정해왔다. 그녀는 부상자들이 전투가 끝날 때까지 전쟁터에 그대로 누워있다는 것을 알고 있었다. 부상자들이 제법 모아졌을 때라야 후방의 병원으로 데려간다는 것도 알고 있었다. 그들이 살아서 후송되어 간다해도 마차가 심하게 흔들거리기 때문에 제대로 응급처치가 되어있지 않은 상처가 그대로 노출된다는 것을 알고 있었다. 또 때때로 그들이 병원에 도착하기도 전에 피를 너무 많이 흘려서 죽는다는 것도 알고 있었다. 부상자들의 이런 상황에 상심한 그녀는 바로 전쟁터에서 부상자들을 도와주기로 결심했던 것이다. 우선 그녀는 소형트

력을 준비했다. 그리고 나서 그곳에다 구급약품과 모든 응급처치 기구들을 실었다. 그리곤 장군에게 면담하러 갔다.

그녀는 키가 작고 호리호리한 여자였다. 군대를 지휘하는 지휘관에게 있어서 그녀는 정확히 전쟁터에 내보낼 수 있는 재목으로는 보이지 않았다. 사실 그녀의 이런 생각은 그를 오싹하게 했다.

"바튼 양, 당신이 내게 요청하고 있는 것은 절대로 불가능해요."

"하지만, 장군님!"

그녀는 강력히 주장했다.

"왜 그것이 불가능합니까? 제가 트럭을 몰고 가서 병사들을 도와줄 수 있는 데까지 도와주면 되지 않습니까?"

장군은 고개를 설레설레 흔들었다.

"전쟁터는 여자가 갈 만한 곳이 못되오. 그 곳에 가보면 견딜 수가 없을 거요. 어쨌거나 우린 지금 병사들을 위해 할 수 있는 데까지 다하고 있소. 이 이상은 도리가 없소."

"저는 할 수 있습니다."

클라라 바튼은 한 마디로 잘라 말했다. 그리곤 마치 그 방에 막 들어선 사람처럼 전쟁터에서의 응급처치 계획을 장군에게 계속 되풀이하여 설명했다.

이런 면담은 한없이 계속되었다. 아무리 거절을 해도 그녀는 단념하지 않았다. 마침내 장군은 설득당하고 클라라 바튼은 전선으로 들어가도 좋다는 통행증을 받았다. 남북전쟁 기간 내내, 그녀는 갈 수 있는 곳은 어디든지 갔다. 그녀는 쉴새없이 일했다. 한 번은 5일 동안 밤낮으로 쉬지 않고 일한 때도 있었다. 그녀의 이름은 군대내에서 '사랑과 감사'라는 별명으로 불리워졌다.

　정부는 그녀가 일을 해나가는 것을 지켜보면서 점차 그녀에게 더 많은 협조를 보내게 되었다. 군대는 그녀에게 보다 많은 트럭과 그것을 운전할 운전병들을 지원했다. 그리고 더 많은 의약품도 제공했다. 그럼에도 불구하고 그 일은 용감한 바튼 양에게 언제나 자신과의 제일 힘든 싸움이었다.

　전쟁이 끝났을 때, 클라라 바튼은 당연히 받아야 될 휴가를 받게 될지도 모르는 일이었다. 그러나 그녀는 남편과 아버지와 형제의 생사를 모르는 불행한 사람들의 고통에 더 관심을 쏟고 있었다. 그녀는 이런 실종군인들의 생사 소식을 알아내어 그 가족들에게 통보해주는 일을 하기로 결심했다. 그녀는 전쟁을 직접 겪었기 때문에 전쟁이 전쟁터에서 싸우는 병사들에게 어떤 것인지 알고 있었다. 그리고 그들이 남기고 간 가족들에게도 어떤 것인지 알고 있었다. 그녀는 스위스에서 '쟝 앙리 뒤낭'이라는 사람이 전쟁 중인 군인들을 도와주려는 계획을 세워놓고 있다는 것을 알았을 때, 즉시 스위스로 달려가 그의 일을 도왔다. 뒤낭은 '적십자'라는 조직을 창설했다. 이 조직에서 일하는 사람들은 눈에 띄기 쉽도록 바탕은 천색에다 붉은색 십자가가 그려진 옷을 입고 있었다. 그들은 국적·인종·종교를 초월하여 모든 병사들에게 도움을 줄 수 있도록 어느 전쟁터이든 마음대로 들어가는 것이 허락되었다.

　클라라 바튼은 또 하나의 생각을 해냈다. 그는 미국으로

전쟁터의 천사

다시 건너가 미국 정부에 전시의 군인들을 돕는 조직체인 '국제 적십자사'에 지원금과 보급품을 제공하는 가입국이 되어야 한다고 설득시켰다.

그리고 클라라 바튼은 위대한 적십자사 계획에 있어 또 하나의 생각을 추가했다. 그것은 '수정 조항'이라는 것이었다.

그녀는 사람들에게 이렇게 말했다.

"인류에게는 다른 많은 여러가지 천재 지변들이 일어나고 있습니다. 지진·홍수·산림 화재·전염병·회오리 바람 등의 재난들은 갑자기 우리를 덮쳐 많은 생명을 앗아가고 사람들에게 집을 잃게 하고 기아에 허덕이게 합니다. '적십자사'는 이런 지구상에 일어나는 어떤 재난이라 하더라도 그 모든 희생자들에게 구원의 손길을 내밀어야 합니다."

오늘날 '국제적십자사'는 전세계의 수만 명에게 원조를 보내고 있다. 이것은 클라라 바튼의 위대한 생각이었다. 그녀의 위대한 용기, 위대한 사랑, 위대한 자애로움은 영원히 존경을 받을 것이다.

여름 축제에 가라

아침 일찍 일어나, 아무도 없는 길에서 마음껏 뛰어다니
라. 크게 두 팔을 흔들어라, 마치 어린아이처럼.

큰 차양이 달린 모자를 쓰고 쨍쨍 내리쬐는 햇볕 속에
서라. 머리가 크고 몸통은 짧은 내 그림자. 어린아이처럼
짧은 그림자에게 모자를 벗고 인사하라.

주방에 선 채로 달콤한 방울토마토를 한 입에 먹어라.

해바라기 밭을 보러 가라.

카레를 만들어 친구를 불러라. 잡곡밥과 맛있는 빵을 준
비하라. 커다란 테이블에 넉넉히 앉는 것이 아니라 작은
테이블에 서로 마주 보고 꼭 끼어 앉으라. 많은 이야기를
할 수 있도록.

전철의 가장 끝 칸에 타고 창문으로 건널목이 점점 비어
가는 것을 보라. '다음은, 다음은' '이제 곧 열린다, 이제
곧 열린다.' 애타게 기다리면서.

근처의 여름 축제에 가라. 예쁜 옷으로 갈아입고 또각또
각 구두소리를 내며 해질녘을 걸어라.

음악에 맞춰 춤을 추라. 엉터리로 기분 좋게 장난삼아
서.

맨발로 땅위를 걸어보라. 작은 돌멩이를 조심하면서. 샌
들을 손에 들고 나무뿌리나 벽돌, 아스팔트, 흙, 이끼, 진
흙, 모래, 물웅덩이 등 차례차례 발바닥으로 건드려 간다.
'안녕, 안녕' 인사하듯이 감촉을 확인하면서.

흐름을 거스르면서 강에서 헤엄쳐보라.

유리구슬을 하늘에 대고 속을 들여다보라.

나팔꽃 꽃잎에 맺힌 작은 물방울 속에서 맑은 하늘을 찾아라.

잠들 수 없는 밤. 이미 깨버린 김에 밤 산보를 나가 보라. 굽은 등을 펴고 시원스레 걸어라. 뒷모습이 예쁘게 보이도록.

저녁 무렵 어두워지기 전에 목욕을 하라. 목욕 뒤에 마실 아이스커피를 냉장고에 준비해두고. 아이스크림이나 젤리라도.

고양이와 함께 저녁놀을 보러 가라. 해가 지면 따스한 고양이의 등을 어루만지라.

모래사장에 나무토막으로 그림을 그려라. 조개껍질로 그림을 그려라. 잊고 싶은 사람의 이름을 써라. 모두 파도가 휩쓸어간다.

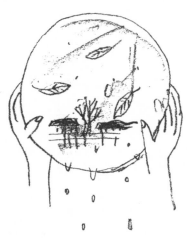

여자가 놓쳐서는 안 될 1%찬스

선물

세상에서 가장 아름답고 소중한 것은 보이거나 만져지지 않습니다
오로지 가슴으로만 느낄 수 있습니다

　　그는 갑자기 잠에서 깼습니다. 새벽 4시. 그의 아버지가 항상 먼저 일어나서 우유 짜는 것을 거들라고 깨우던 바로 그 시간이었습니다. 그의 나이 15살, 아직 아버지와 함께 농장에서 살고 있을 때의 일이었습니다.

　　아버지는 그를 사랑했습니다. 그러나 그는 그 사실을 크리스마스 며칠 전의 어느 날, 아버지가 어머니에게 하는 말을 듣고 나서야 깨달았던 것입니다.

　　"여보, 아침에 마틴을 깨우는 것이 너무나 가슴 아픈 일이오. 그 애는 한창 자랄 나이니까 잠을 푹 자야 하거든. 내가 깨우러 갔을 때 그 애가 얼마나 곤하게 자고 있는지 당신은 모를거요. 나 혼자서도 일을 해낼 수만 있다면 얼마나 좋을까?"

　　"하지만 여보, 그건 안 될 말이예요. 게다가 그 애는 어린애가 아니예요. 자기 몫을 해야 할 나이예요."

　　어머니는 냉정하게 느껴질 만큼 또렷한 목소리로 말했습니다.

　　"그건 그렇지만 정말이지 그 애를 깨우기 싫다니까."

　　이런 말들을 들었을 때 그의 마음 속에서 무엇인가 꿈틀

거리는 것이 있었습니다.

'아버지는 나를 사랑하신다. 그러니까 앞으로는 늑장을 부리지 말아야지.'

그는 굳게 다짐했습니다. 그 뒤로는 잠에서 덜 깨어 비틀거리면서도 일어났습니다.

며칠 뒤 크리스마스 전날 밤, 그는 잠자리에서 아버지에게 드릴 좀더 좋은 선물이 있었으면 하고 생각했습니다. 오늘도 여느 해처럼 읍내의 상점에서 아버지께 드릴 목도리를 하나 샀으나 왠지 마음에 들지 않았습니다. 소년은 예수님이 마구간에서 태어나셨다는 생각을 하고 있다가 문득 아침 일찍 일어나 암소의 젖을 몽땅 짜놓고 헛간도 깨끗이 청소해 놓는 선물을 드려야겠다는 생각을 하게 됐습니다.

소년은 회심의 미소를 지었습니다. 그는 깊이 잠들면 안 된다는 생각에 열 번도 더 깨어났습니다. 1시, 2시, 2시 30분…….

드디어 3시 15분 전에 소년은 옷을 갈아입고 조심스럽게 계단을 내려가 밖으로 나갔습니다. 커다란 별이 헛간 지붕 위로 낮게 걸려 반짝이고 있었습니다. 암소들은 놀란 듯이 졸린 눈으로 소년을 바라보았습니다. 소년은 아버지를 생각하면서 부지런히 젖을 짰습니다. 일이 즐거워서 콧노래가 나올 정도였습니다. 헛간도 말끔하게 치우고 깨끗이 씻은 양동이는 벽에 걸어 놓았습니다.

방으로 돌아온 소년은 허둥지둥 어둠 속에서 옷을 갈아입고 다시 침대 속으로 들어가 자는 척했습니다. 아버지가 계단으로 올라오는 소리가 들렸기 때문입니다.

"마틴, 일어나야지. 크리스마스라서 안됐다만."

"알았어요."

그는 졸린 목소리로 대답했습니다.

"내가 먼저 나가마."

문이 닫히자 그는 환한 미소를 지었습니다. 불과 몇 분 뒤면 아버지가 모든 사실을 알게 될 것입니다.

"이런 놈 봤나⋯⋯."

아버지는 웃음을 터뜨렸습니다. 흐느끼는 듯한 묘한 웃음소리였습니다.

"누가 속을 줄 알고?"

아버지는 침대 옆에 서서 아들의 엉덩이를 두드리며 이불을 걷어냈습니다.

"크리스마스 선물이에요, 아빠."

그는 아버지의 허리를 끌어안았습니다. 아버지의 팔이 그의 몸을 감싸는 것이 느껴졌습니다.

"애야, 고맙다. 누구도 이보다 더 흐뭇한 일은 못할게다."

"아, 아빠, 난 아빠가⋯⋯."

그러나 그는 어떻게 다음 말을 이어야 할지 몰랐습니다. 그의 가슴은 넘치는 사랑으로 북받쳐 올랐습니다.

아버지는 30년 전에 돌아가셨지만, 그는 지금도 새벽 4시면 일어났다가 다시 잠이 들곤 합니다. 그러나 오늘 아침은 크리스마스이기 때문에 잠이 오지 않았습니다.

별들이 유난히 총총했습니다. 이제 생각해 보니 크리스마스 새벽 동트기 전의 별은 언제나 크고 밝게 보였습니다. 다른 어느 날의 별보다도 확실히 더 크고 더 밝은 별이 눈에 띄었습니다. 그 별이 마치 살아 움직이는 것 같다는 생각이 들었습니다. 과거의 어느 날 밤 그 별을 보았을 때 그렇게 느꼈던 것처럼.

아이들마저 모두 떠난 지금 그는 오늘 아침 아내에게 어떤 선물을 할 것인가를 생각해 보았습니다. 무엇보다 그는 아내에게 자신의 사랑을 전해 주고 싶었습니다.

그의 마음 속에 사랑이 살아 있는 것은 그 옛날, 아버지가 자기를 사랑한다는 사실을 알았을 때 비로소 자기의 내면에 싹을 틔웠기 때문이라는 생각이 문득 떠올랐습니다. 오직 사랑만이 사랑을 일깨울 수 있는 것입니다.

오늘 아침, 이 축복받은 크리스마스 아침, 그는 아내에게 줄 선물을 준비하기 위해 책상으로 갔습니다. 그리고 아내에게 보내는 사랑의 씨앗이 열매 맺기를 바라면서 편지를 쓰기 시작했습니다.

"나의 가장 소중한 사랑, 당신에게……."

아빠와 아들

휴식을 원하는 아빠에게 아들은 훼방꾼이기도 합니다
하지만 아빠는 한편으로 왜 행복하기만 할까요?

나는 따뜻한 물에 몸을 담그고 독서를 즐기고 싶었습니다.

친구가 빌려준 《정상에 도달하기》란 책을 읽고 싶었죠. 나는 아침부터 좀 피곤하고 긴장된 기분이었기 때문에 될수 있으면 따뜻한 물에 몸을 담근 채 책 속에 몰두하고 싶었던 겁니다. 그런데 아쿠아 보이는 생각이 달랐습니다. 아쿠아 보이는 내 아들 칼렙의 별명입니다. 그 애는 내가 무얼 할 것인지 알아차리자, 자기도 목욕을 하고 싶다고 조르기 시작했습니다. 나는 물론 안 된다고 말했지요.

"으응? 아빠, 제발!"

"칼렙, 내가 안 된다고 말했지?"

"하지만 저도 하고 싶단 말이에요."

내가 안 된다고 몇 번이나 말했는데도 그 애는 계속 졸라댔습니다. 그래서 나는 생각해 보겠다고 했습니다.

욕조에 물을 틀었습니다. 그제서야 좀 느긋해지는 것 같았습니다. 그런데 갑자기 아쿠아 보이가 나타났습니다. 엄마한테 내가 책을 다 읽고 나면 목욕을 할 수 있게 해달라고 졸랐더니, 엄마가 아빠한테 물어보라고 했다는 겁니다.

커다란 눈망울에 눈물이 가득 고여 있었죠.

"아빠가 책 다 읽으면 나랑 목욕할 수 있어요?"

나는 함정에 빠졌다는 걸 알아챘습니다.

"좋아! 아빠가 책을 다 읽으면 해도 된다."

그러자 그 애의 눈이 반짝 빛나더니 "야 신난다!" 라고 소리쳤습니다.

나는 다시 책으로 눈길을 돌렸습니다. 그런데 아쿠아 보이는 옷을 홀렁 벗더니, 변기 위에 옹크리고 앉았습니다.

"뭐 하는 거니?"

"아빠가 책 다 읽을 때까지 기다리려고요."

"칼렙, 내가 책을 다 읽으면 부를 테니까 그 때 들어오렴."

"알았어요, 아빠!"

아쿠아 보이는 욕실을 나갔습니다. 나는 다시 책에 눈길을 주었습니다. 그런데 아쿠아 보이가 다시 들어왔습니다. 이번에는 크리스마스 선물로 받은 장난감 낚싯대를 갖고서.

"거기서 뭐하고 있는 거니, 칼렙?"

"그냥 아빠를 바라보고 있는 거예요."

"칼렙, 내가 부를 때까지 들어오지 마라."

그런데 아쿠아 보이는 들은 척도 않고, 이빨을 닦을 때 거울을 볼 수 있도록 마련해 준 스툴을 잡아당기더니 거기에 털썩 주저앉았습니다.

"칼렙, 아무리 그래도 내가 책을 다 읽기 전에는 들어오지 못해."

"알아요, 아빠. 그냥 앉아서 아빠가 책을 다 읽으실 때까지 기다릴게요."

그러면서 그 애는 거기 앉았습니다.

나는 다시 책을 보기 시작했습니다. 아내는 부엌에서 우리가 아옹다옹하는 소리를 다 듣고 있었습니다. 나는 더 이상 책에 몰두할 수가 없었습니다. 20분 후면 직장에 가야 하므로, 그 전에 푹 쉬고 싶어서 나는 책에 집중하려고 애를 썼습니다.

풍덩! 발가벗은 아들 녀석이 들고 있는 총천연색 낚싯대에 연결되어 있는 낚싯밥이 욕조에 떨어지는 소리였습니다.

"칼렙, 욕조에서 낚시하면 안돼. 아빠가 목욕하고 있잖니?"

"죄송해요, 죄송해요, 죄송해요."

아쿠아 보이는 사과할 때 항상 세 번 죄송하다고 말하곤 했습니다.

나는 그 애가 욕실에서 나가기를 바랐는데, 그 애는 다시 의자에 앉았습니다. 나는 다시 책을 들여다보았지만 점점 더 집중하기가 힘들어졌습니다.

"칼렙, 지금 뭐하고 있니?"

"여기 앉아서 아빠가 책 다 읽으시기를 기다리고 있어요."

나는 아무리 책을 읽으려고 애를 써도 그렇게 할 수가 없었습니다. 아쿠아 보이가 어깨에 낚싯대를 메고 눈을 커다랗게 뜬 채 쳐다보고 있으니까요.

아빠와 아들

1분, 2분……. 그 아이는 서서히 내 마음을 무너뜨렸습니다. 그리고 마침내 나를 굴복시키고 말았습니다. 내 아들은 그다지 인내심이 있는 3살짜리라고는 할 수 없습니다. 어떤 아이라도 그렇겠지만. 그런데 그 애가 어떻게 그런 인내심을 보여줄 수 있는지 믿을 수가 없었습니다.

"칼렙, 이제 욕조에 들어오렴."

"좋~지요!"

나는 아쿠아 보이와 함께 20분 동안 물장구도 치고 낚시질도 하면서 재미있게 놀았습니다.

9

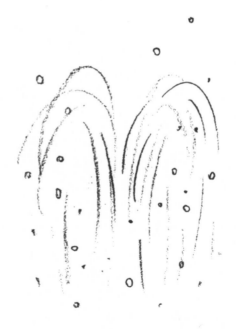

여자가 놓쳐서는 안될 1%찬스

나팔꽃 추억

어머니는 나에게 인생을 아름다운 눈으로
바라볼 수 있도록 가르쳐 주셨습니다

　내가 어렸을 때 어머니와 나 그리고 오빠는 매일 술주정을 하고 때려부수는 아버지에게서 도망쳐 나와 이동주택에서 살았습니다. 그 당시 사람들은 이동주택에 사는 사람들을 얕보았지요. 지금보다 더했습니다.

　그 이동주택의 폭은 8피트이고, 길이는 30피트였습니다. 어머니와 나는 가운데 있는 2인용 침대에서 함께 자고, 오빠는 거실에 있는 소파에서 잤습니다. 겨울에는 얇은 담요 사이에 신문을 깔고 기름 히터를 틀었지요. 아침에 일어나 보면 화장실 물이 얼어 있을 때가 많았습니다. 우리는 3마일이나 되는 학교에 걸어다녔습니다. 강하게 눈보라가 칠 때 어머니가 한 번 마중 나오신 기억이 납니다.

　우리에게는 용량이 작은 순간 온수기밖에 없었기 때문에, 머리를 감으려면 난로에 물을 데워야 했습니다. 그 물은 빗물을 양동이에 받아두었다가 썼지요. 그리고 머리가 꺼칠하게 보이지 않도록 계란 맛사지를 했습니다.

　어머니는 이동주택 주위에 나팔꽃을 심었습니다. 그 나팔꽃은 줄기를 타고 올라가 우리 작은 집 주위를 멋지게 꾸며 주었지요. 그리고 우리 집 주위에는 채소밭이 둘러싸여 있었는데, 농부들이 수확을 하고 나면 우리는 살금살금 나가서 남아 있는 것들을 거둬들이곤 했습니다. 그러다가 운이 좋으면 토마토나 아스파라거스를 제법 주워올 수 있었습니다.

어느 날 저녁, 어머니는 쌀과 야채로 음식을 만들어서 나와 오빠에게 반씩 갈라 주었습니다. 내가 왜 어머니는 잡숫지 않느냐고 물었더니, 어머니는 음식을 만들면서 미리 먹었다고 말씀하셨습니다.

나는 어렸지만, 어머니가 거짓말을 하신다는 것을 알았습니다. 거짓말은 좋지 않은 것이지만, 한편으로 어머니는 거짓말을 하고 굶을 수 있을 정도로 자식에 대한 사랑이 깊은 분이라는 생각이 들었습니다. 그 일은 항상 내 마음 속에 남아 있었습니다.

언젠가 어머니와 나는 결혼식에 초대받은 적이 있는데, 나만 거기에 갔습니다. 삼촌과 숙모가 나를 데리고 갔는데, 그 때 나는 어머니의 한 벌밖에 없는 드레스를 입었습니다. 나에게는 좀 컸지만, 그 옷을 입은 나는 아주 중요한 사람이 된 듯한 기분이 들었습니다. 나는 춤을 추자는 요청을 받았는데, 내가 입고 있던 푸른색 드레스가 아주 멋졌기 때문이 아닌가 생각합니다.

우리는 일 년에 두 번 수퍼마켓에 가서 진한 황갈색 비누를 샀습니다. 그리고 그것을 물에 풀어 이동주택을 청소했습니다. 그러면 향긋한 냄새가 났지요. 어머니는 우리가 돈은 많지 않지만, 깨끗하고 말끔하게 정돈할 수는 있다고 항상 말씀하셨습니다. 그래서 나는 학교에 갈 때 풀을 먹여 다림질한 블라우스를 입고 갔고, 오빠는 깨끗하게 빤 흰 셔츠를 입고 갔습니다.

이제 어머니는 나와 함께 살고 계십니다. 건강이 좋지 않아서, 우리 집에 모셔올 때는 거의 걸을 수도 없고 말씀 하실 수도 없었습니다. 어머니는 금방 피곤해지고, 늘 산 소호흡기를 꽂고 계십니다. 사람들은 어머니를 모시고 있 으니 힘들겠다고 합니다. 글쎄요, 힘들 수도 있겠지요. 그 렇지만 어머니는 나에게 인생을 아름다운 눈으로 바라볼 수 있도록 가르쳐 주셨습니다. 나팔꽃이나, 진한 황갈색 비누 냄새도 그런 것들입니다.

나팔꽃 추억

아주 조그만 수호천사
진실한 소원은 철문을 뚫고 들어갑니다

    남북전쟁 당시에 북군에 소속된 젊은 군인이 있었습니다. 그의 형과 아버지는 격렬한 전투 중 목숨을 잃었고, 그는 막내아들이었습니다.

    그는 가족 가운데 단 한 명 남은 남자로서 군 복무를 면제해 달라고 링컨 대통령에게 청하기 위해 워싱턴에 가고자 했지요. 어머니와 누이는 농장 일에 그의 도움이 필요했습니다.

    사정을 탄원하고자 군대로부터 허가를 받고는 백악관으로 떠났습니다. 젊은이는 백악관 문에 이르러 대통령을 뵙기를 청했지요.

    근무중이었던 근위병은 이렇게 말했습니다.

    "대통령은 만날 수 없소. 전쟁 중이라는 것을 모르오? 대통령은 매우 바쁜 분이오. 돌아가시오, 젊은이! 돌아가서 반란군과 싸우시오!"

    풀이 죽어 마음이 몹시 상한 젊은이는 그 자리를 떠났습니다. 그는 가다가 공원 벤치에 힘없이 앉아 있었지요. 그러자 어떤 어린아이가 그에게 다가와서 말했습니다.

    "군인 아저씨, 슬퍼 보여요. 무슨 안 좋은 일이라도 있었어요?"

군인은 어린 아이를 보고는 그의 아버지와 형이 전쟁터에서 어떻게 죽었는지를 이야기했습니다. 또 가족 가운데 유일하게 남은 남자이기 때문에 봄철 파종을 하려면 무슨 일이 있어도 농장으로 돌아가야 한다는 것을 설명했지요. 그 어린아이는 그의 모든 이야기를 주의깊게 들었습니다.

이야기를 다 듣고 난 후 그 아이는 그 군인의 손을 잡고 백악관 뒤로 돌아갔습니다. 그들은 부엌 문으로 들어가서 백악관에서 근무를 서고 있는 근위병을 지나고, 모든 장군들과 정부 고관들 앞을 지나갔습니다. 관리들은 너나없이 이 아이가 친구의 손을 잡고 백악관의 방들을 지나갈 때마다 차렷 자세를 했지요. 젊은 군인은 뭐가 뭔지 도무지 알 수 없었습니다.

마침내 대통령 집무실에 이르렀는데 아이는 노크조차 하지 않았습니다. 아이는 곧장 문을 열고 안으로 걸어들어갔습니다. 거기에는 링컨 대통령이 장관들과 함께 책상 위에 놓인 군사 작전 지도를 훑어보고 있었지요.

대통령은 고개를 들어 아이를 보고 물었습니다.

"무슨 일이니, 토드?"

토드가 말했습니다.

"아빠, 이 군인 아저씨가 드릴 말씀이 있대요."

군인은 바라던 대로 딱한 사정을 하소연했고 군역을 면제 받을 수 있었습니다.

아주 조그만 수호천사

굉장한 기회
흘러간 물은 방아를 돌게 할 수 없습니다

　남북전쟁이 일어나기 전, 어느 봄날에 한 젊은이가 일자리를 찾아 워디 테일러의 번창한 오하이오 농장을 찾아왔습니다. 농장 주인은 청년의 이름이 짐이라는 것 외에는 별로 아는 바가 없었지요. 그래도 여름 동안의 일자리를 주었습니다.

　짐은 그 해 여름을 스토브와 벽난로에 쓰일 나무를 베고, 우유를 짜고, 건초를 쌓고, 수확을 거들고 그 밖에 테일러가 시키는 일은 무엇이든지 하면서 지냈습니다. 식사는 부엌에서 하고 잠은 건초 시렁에서 잤지요.

　여름이 끝나기도 전에 짐은 테일러의 딸과 사랑에 빠졌습니다. 그 아버지는 짐이 돈도 없고 이름도 없고 직장도 없고 기술도 없으며 장래성도 없었기 때문에 딸이 그와 결혼하면 정말 가난해질 것이라고 말하며 그의 청혼을 쌀쌀맞게 거절했지요. 농장 주인은 단호하게 말했습니다.

　"안 돼!"

　짐은 그 뜻을 받아들였습니다. 얼마 되지 않는 그의 물건들을 오래된 여행 가방에 넣고 슬프게 길을 떠났으며 농장 주인과 그의 딸은 두 번 다시 그의 소식을 듣지 못했지요.

　그로부터 35년이라는 세월이 흘렀습니다. 농부 테일러는 큰 헛간을 새로 만들려고 옛날 헛간을 헐었습니다. 일꾼들이 오래된 건초 시렁 위의 서까래를 떼냈을 때 그는 들보들 가운데 하나에서 짐이 자신의 이름을 새겨 놓은 것을 발견했지요. 그 이름은 제임스 가필드였습니다. 그는 당시 미 합중국의 대통령이었지요!

워디 테일러는 딸이 만날 수 있었던 가장 좋은 결혼 상대를 놓친 것입니다. 결국 테일러의 딸은 아버지의 축복 속에서 아버지가 인정한 사람과 결혼했습니다. 그러나 문제는 이제 30년간 상심의 세월을 보내고 보니 그 남편은 좋은 사람이 아니었던 것입니다.

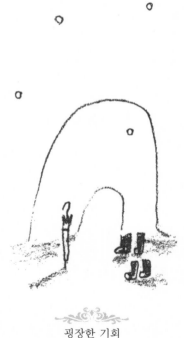

굉장한 기회

🍀 네잎 클로버 강의실
10년 뒤의 나에게 편지를 써라

　가을 밤 친구와 긴 통화를 하라. 서로 이불 속에서 "잘 자" 라고 말하며 잠들 때까지.

　잘 익은 감을 숟가락으로 떠먹어라.

　단풍잎을 주우러 가라. 오솔길을 사붓사붓 걸어라. 붉게 물든 잎사귀에 빛나는 햇빛을 보라.

　시나몬 도넛 구멍을 통해 파란 하늘을 바라보라. 먹으면서 몇 번이나 바라보라.

　가을 구름을 바라보라. 구름 이름을 새로 지어보라.

　육교에 올라 별이 총총한 밤하늘을 올려다보라. 고개가 아플 정도로 턱을 하늘로 향해서.

　몽글몽글 흰 크림처럼 비누거품을 내서 몸을 씻어라. 흰 레이스가 우아하게 달린 드레스를 입은 사람처럼 깨끗한 타월로 몸을 감싸라. 비누거품을 충분히 내서 부모님 등을 씻겨드려라. 때때로 웃으면서.

　자전거로 비탈길을 내려가며 앞머리에 바람을 맞아라.

　작고 달고 딱딱해서 신맛이 나는 붉은 사과를 두 개 정도 가방에 넣고 생각날 때마다 꺼내 먹어라. 통째로 껍질째 아삭아삭 깨물어 먹어라.

　하모니카를 불어보라. 핫케이크를 구어보라.

　새를 동경하라. 혹시 내가 하늘을 난다면 새처럼 두꺼운 가슴 근육이 필요하다.

　화창한 가을, 주머니에 레몬 한 개를 넣고 산책하라. 아름드리 큰 나무의 까칠까칠한 나무줄기에 귀를 대고 눈을 감고 소리를 들어라. 물을 빨아올리는 소리를 들어라.

해질녘 좋아하는 사람과 은빛 들판을 거닐어라. 해질녘 혼자서 은빛에서 금빛으로 바뀌는 들판. 파도치는 금빛 바다를 헤엄쳐 가라. 그 밑에 잠겨서 키스하라.

싹둑싹둑, 머리칼을 짧게 잘라버려라. 찰랑찰랑 목덜미에 닿으면, 머리를 흔들면서 기분 좋게 거리를 걸어라.

10년 뒤의 나에게 편지를 써라. 10년 뒤 잊지 않고 반드시 읽을 것이다.

네잎 클로버 강의실

고마워요, 헤이즐!
사랑은 자기의 이익을 구하지 않습니다

눈보라가 사정없이 불어오는 영하 10도의 추운 날씨였다. 몬타나는 전시였기 때문에 풍성하지 못한 저녁 식사를 일찌감치 끝낸 밀타운 사람들은 황혼녘에 이미 문단속을 하고 들어앉아 있었다. 작은 동네라 길거리에 사람의 그림자라곤 찾아볼 수 없었다.

그 때 외투를 턱밑까지 치켜올리고 논둑 사이를 걸어 오는 깡마른 소녀의 모습이 나타났다.

헤이즐, 우리 밀타운 도서실의 사서원이었다. 눈보라치는 날씨를 상관치 않고, 책을 원하고 책이 필요한 사람들 —먼 나라에 가서 싸우고 있는 사랑하는 이들에 대한 걱정을 잊기 위해서—을 위해 그녀는 화요일 밤 7시가 되면 어김없이 나타나곤 했다.

그 때가 1918년이었는데 밀타운에는 어머니들이나 아내들에게 뉴스를 들려줄 라디오가 없었다. 물론 텔레비전도 없었다. 살을 에는 듯한 추위와 한길이나 쌓인 눈과, 기름등잔과 벽난롯불이 있을 뿐이었다.

그리고 헤이즐의 책이 있었다. 매주 두 번씩 마을 사람들은 빵집 2층에 있는 다락방으로 그녀에게 책을 빌리러

왔다. 매주 화요일 저녁 7시와 토요일 오후 2시에.

그들이 모두 그녀를 믿고 있는데 어떻게 그들을 실망시킬 수 있겠는가?

헤이즐은 외투를 입은 채로 손을 호호 불면서 구석에 있는 난로의 뚜껑을 열고 장작불을 지폈다. 불쏘시개로는 무디고 큰 부엌칼로 잘게 쪼갠 나무를 썼다. 그리고 나서 그녀는 벽에 붙어 있는 거무스름한 책장을 열고 온갖 사상과 행동의 보고를 진열해 놓았다. 그녀에게는 이 세상의 모든 보물들보다 더 귀중한 것들이었다.

이 도서관은 바로 1년 전인 1917년에 문을 열었다. 겨우 18살 고등학생이던 헤이즐이 11킬로미터나 떨어져 있는 군 소재지로 찾아가 제재소 마을인 자기 동네에도 도서관—큰 도서관은 아니더라도 몇 권의 책이라도 갖춘—을 열어 주어야 한다고 진지하게 요구하여 미소라 읍 도서관 관계자들을 당황케 하였었다.

예산이 없다고 그들은 얼굴을 찡그렸다. 전쟁 중이라는 걸 당신은 모르느냐는 반응이었다. 만일 밀타운 사람들이 정말 책을 원한다면, 미소라 읍까지 와서 책을 빌려갈 수는 없겠느냐고 했다. 동네 사람이라야 얼마 되지 않고, 거기다 모두 이민자들인데다 제재소 노동자에 불과하지 않느냐는 것이다.

두꺼운 뿔테 안경 너머로 헤이즐의 맑은 암갈색 두 눈이 반짝였다. 핀란드와 노르웨이와 스웨덴 이민자들인 우리 동네 사람들은 비록 교육은 받지 못하였을지 모르지만 정

말로 책을 원한다고 그녀는 대답하였다. 미소라 읍까지의
11킬로미터는 아주 험한 길이었고 겨울이면 자주 폭설로
길이 막혔다. 책이 그들에게 꿈을 심어 줄 수도 있을 것이
고, 제재소에서의 힘든 생활도 잊게 해줄 것이다.

　헤이즐은 원하던 책을 얻었다. 그러나 그외의 모든 것—
장소, 실제 업무—는 그녀의 소관이 되었다. 이런 조건으
로 책을 받아 가든지, 싫으면 그만두라는 이야기였다.

　이렇게 하여 밀타운 지부 도서관은(우리 주 전체에서 이
런 류의 도서관으로는 처음이었다.) 몇 권의 장서를 가지
고 학교 선생님의 집에서 1917년에 시작되었다. 그 선생님
이 다음 해에 다른 곳으로 이사를 가버리자 헤이즐의 책장
들은 빵집 다락방으로 밀려 올라갔다. 그러나 빵집 주인이
자기의 다락방이 다시 필요하게 되었다.

　헤이즐은 고속도로 변의 교차로 근처에서 문을 열고 있
는 사업체를 하나씩 다 찾아다녔으나 희망이 없어 보였다.
마지막으로 그녀는 이 동네의 유일한 식당으로 진군해 들
어왔다.

　깡마른 몸에 검은 머리를 둥그런 빵 모양으로 틀어올린
왜소한 이 소녀가 몸집이 크고, 푸른 눈에, 흰 수염을 가
진 식당 주인인 알마에게, 말하는 소리에 식당 안의 손님
들이 모두 그들을 쳐다보았다.

　"이 식당 2층에 빈 방이 둘 있지요? 제가 그 방들을 써
도 될까요?"

　"헤이즐, 네가? 무얼 하려고?"

　헤이즐의 얇은 입술이 팽팽해졌다.

"우리 동네 도서관으로 쓰려구요. 얄마, 그 방이 필요해
요."

그녀는 그 방들을 얻어냈다. 그녀가 비누로 마룻바닥을
말끔히 닦아 놓은 것을 보자 스코틀랜드 인이었던 그녀의
부모들도 그녀의 고집에는 탄복하였다. 이것은 헤이즐의
꿈이었다. 이 꿈이 죽을 수는 없었다.

1920년에 그녀는 몇몇의 괄괄한 스칸디나비아 출신의 부
인네들과 망설이는 그들의 남편들을 데리고 북태평양 철도
회사와, 서부 목재회사와 그 다음에는 아나콘다 구리광산
회사의 으리으리한 사무실로 쳐들어갔다. 밀타운 지부 도
서관을 위해 도서관 건물을 세울 때가 되었다. 이 세 회사
들 때문에 밀타운이란 동네가 생긴 것이었다. 이 세 회사
들이 자기네 고용인들의 손, 발뿐 아니라 두뇌도 열심히
움직이게 만드는 것은 이 세 회사의 책임이라고 헤이즐은
말했다. 그녀의 뜻대로 되었다. 헤이즐이 그녀의 엄숙한
갈색 눈으로 정색을 하고 바라볼 때면 안 된다고 거절하기
가 쉽지 않았다.

새로 지은 도서관은 전후의 붐비는 고속도로에서 뒤로
훨씬 물러난 넓은 포치가 있는 견고한 목조 건물이었다.
그것은 헤이즐의 꿈의 기념비인 동시에 아래층에 있는 얄
마의 식당에서 가끔 들려오는 시끄러운 소리에서의 해방을
의미하는 것이기도 하였다.

내가 생전 처음으로 '도서관'에 가서, 카드 상자들과 날
짜 찍는 스탬프들이 말끔히 정돈되어 있는 넓은 책상 뒤에

고마워요, 헤이즐!

앉아 있는 헤이즐의 모습을 훔쳐본 것은 겨우 5살 때였다. 그녀의 코 끝에 걸려 있는 무거운 검은테 안경이 나를 무겁게 내려다보고 있어서, 그녀가 때마침 던져준 미소가 아니었더라면, 나는 아마도 질겁을 해서 도망쳐 나왔을 것이고 다시는 도서관에 가지 않았을 것이다. 다른 아이들이 샛강에 가서 낚시질을 하거나 지붕 덮인 다리 근처에서 수영을 하고 있는 한가한 8월의 토요일 오후면, 나는 곰팡내 나는 책 사이에 파묻혀 있곤 했었다. 밖에서 들려 오는 소리라곤 창문 옆에 헤이즐이 심어놓은 접시꽃 사이를 날아다니는 윙윙거리는 벌소리뿐이었다. 책장 사이를 이리저리 오가며 손가락으로 책들을 만져보는 것만으로도 나의 기쁨은 충만했다. 가끔 헤이즐이 다가와서 10살짜리 내 손에 쥐어 있는 《오만과 편견》을 《보물섬》으로 바꾸어 주곤 했다.

나는 작가가 되고 싶었으나 감히 헤이즐에게 나의 꿈을 말할 용기가 없었다. 그러나 그녀는 내 꿈을 알고 있었던 듯 그 길을 인도하여 주었다. 그녀는 특별한 책들은 나만을 위하여 보관해 놓곤 했었다.

물론 헤이즐도 직업이 있어야 했으므로 그녀는 학교 선생님이 되었다. 그녀는 3학년 때 나의 담임 선생님이셨고, 내가 제일 좋아한 선생님이기도 하였다.

봄눈이 녹아 질척거리는 길을 걸어 에밀리 할바리와 같이 집으로 가고 있었는데, 에밀리가 4학년이 된 것이 서럽다고 울음을 터뜨리던 일이 기억난다. 그녀는 언제까지나

헤이즐 선생님 반에 있고 싶어했고 나도 그랬다.

헤이즐은 우리 동네 푸줏간 주인과 결혼했다. 젊은 아이
노 칼카넨은 낚시질과 사냥을 좋아하는 건장한 남자로 처
녀들 사이에 상당히 인기가 있었다. 그런데 왜 그가 언제
나 엄숙한 눈을 하고 루즈도 바르지 않는 헤이즐 같은 여
자와 결혼을 할까 하고 한숨쉬며 안타까워한 사람들도 있
었다. 그러나 나는 그 이유를 알았다. 헤이즐에게는 남들
앞에 내세우지 않고 몸에 자연스럽게 배어 있는 아름다움
과 개성이 있었다.

여러 해가 지나갔다. 여러 겨울과 여름이.
경제공황이 불어닥치고 전쟁이 발발했을 때도, 헤이즐은
화요일 저녁이나 토요일 오후를 한 번도 걸른 적이 없었
다. 무서울 정도로 변모해 가는 세상에서 이 사실은 듬직
한 뒷산 바위와 같았다.
아이노 칼카넨이 3월의 어느 황량한 날 밤에 죽었다. 몇
주일 동안 헤이즐은 (기중)이라는 딱지가 붙은 고깃간 옆
의 큰 집에서 한 발짝도 나오지 않았다.
그러다가 어느 화요일 저녁 도서관이 다시 열렸다. 헤이즐
의 머리에 흰 머리칼이 보이기 시작하고 그녀의 걸음걸이가
좀 느려지기는 하였으나, 그녀는 우리들에게 돌아왔다.

그 때 나는 이미 대학에 들어갔었고, 졸업 뒤 캘리포니
아에 자리를 잡았다. 나는 누이를 통하여 고향 소식을 든

고마워요, 헤이즐!

고 있었으나, 일하느라 너무 바빠서 신경쓰지 못했다.

그러던 어느 날 나는 고향을 방문한 길에, 나도 모르게 그 자그마한 네모진 도서관 건물 앞에 가 섰다. 여름이었다. 벌들이 접시꽃 사이를 날고 있었다. 포치와 열려진 정문이 나를 들어오라고 손짓하고 있었다.

마치 많은 사람의 목소리가 섞여 들려오는 속삭임같이 가슴 속에 간직해 왔던 도서관에 얽힌 여러 이야기들이 나를 엄습해 왔다. 데이빗 커퍼필드와 미카버 키다리 존 실버의 앵무새, 요술모루에 열심히 망치질하고 있는 일마리넨, 네모 선장의 웅장한 바다 밑 오르간, 이들 모두가 헤이즐의 책장에서 뛰쳐나와 나에게 다가왔다.

그녀의 웃음소리가 책상 뒤에서 들려왔다.

"이봐, 에밀. 네 카드가 있어. 이렇게 여러 해가 지났는데도 도서관 사용자들 카드 속에 끼어 있다니!"

몇 년 전 미소라 읍 도서관이 헤이즐 비들 칼카넨을 위한 잔치를 베풀었다. 그녀에게 아름다운 난초꽃 코사지를 선사하고, 진심에서 우러나온 감사의 연설도 했다. 그러나 적절한 말을 찾을 수 없는 그 수많은 일들을 어떻게 말할 수 있겠는가? 우리들은 그 빼빼 말랐던 고등학교 여학생이 밀타운 사람들에게 책이 꼭 필요하다는 것을 알고서 그들에게 책을 보여주기 위해 굳은 결심을 했던 일, 1923년에 과부인 헤키넨 부인의 암소가 병들고 돈이 없어 수의사를 부를 형편이 못 되었을 때, 헤이즐이 도서관의 책에서 소의 치료법을 찾아냈던 일, 정신 이상이 된 소년이 동생을 죽이고 문닫힌 도서관에 숨어들어 갔을 때, 헤이즐이 그를 설득하여 나오게 했던 일 등을 마음 속으로 기억할 수 있을 뿐이다.

헤이즐이 밀타운 지부 도서관에서 50년도 넘는 세월을 일하고도 한 푼의 보수도 받지 않았다는 것은 별로 놀라운 일이 아니었다. 1917년 그녀가 군 도서관 책임자들과 체결한 계약이 바로 그것이었으니까.

옛날처럼 책이 희귀한 보물로 여겨지지도 않고, 대부분의 사람들이 자기들 일에 너무 바빠서 남을 위해 무엇인가를 해줄 시간적 여유가 없는 듯 보이는 요즈음과 같은 각박한 세상에 사는 여러분들은 헤이즐의 꿈에 대한 이야기를 알고 싶을 것이다.

그리고 우리들은 너무 늦기 전에 헤이즐에게 알리고 싶었다.

"고마워요, 헤이즐! 감사를 받아 줘요! 우리들 모두의!"

고마워요, 헤이즐!

당첨으로 얻은 고급 승용차
이 땅위에 있는 아들의 최고 행복은 인격입니다.

그 때 뉴욕의 우리 마을에서 자동차가 없는 집은 우리 집뿐이었다. 나는 시대 흐름에 순응하는 십대 소년, 그러니 차 없는 우리집이 내 눈에는 멸시당할 정도의 하류층으로 보였다.

매일 장을 보러 나들이를 할 때면 우리는 창피스럽게도 셰틀란드종 조랑말이 끄는 이륜마차를 타고 다녔다. 어머니는 《데이비드 커퍼필드》에 나오는 인물의 이름을 본떠 이 조랑말에 바키스라는 이름을 붙였다. 바싹 마른 바키스는 우스꽝스런 몰골로 정말 꼴불견이었다. 터벅거리는 넓적한 발굽 소리 하나하나가 우리의 가난을 알리는 것 같았다.

증권 거래소의 서기인 아버지가 받는 월급은 병들고 곤궁한 친척들의 생활비를 보태 주고 치료비를 대 주느라고 그 절반이 나가 버렸다. 그렇지만 않았더라면 아버지의 월급을 가지고 우리는 그런대로 남부럽지 않게 살아갈 수 있었을 것이다. 그러나 사정이 그랬기 때문에 집은 저당잡혀 있었고 겨울에는 외상으로 식료품을 들여와야 하는 때도 종종 있었다.

어머니는 식구들을 위로하느라고 이런 말씀을 하셨다.

여자가 놓쳐서는 안될 1%찬스

"진정한 부는 인격에 있는 거란다. 가난하게 사는 것도 정신적 성장을 위한 경험으로 삼을 수 있지. 정신적으로 부유해지는 데 도움이 될 거야."

그럴 때면 나는 이렇게 모질게 쏘아붙였다.

"인격 가지고 차를 살 수가 있나요?"

그렇지만 어머니는 내핍생활을 하시면서도 다른 모든 면에서는 식구들이 견디어 나갈 수 있도록 규모있는 살림을 꾸려 나가셨다. 어머니는 색이 고운 사라사 무명천 몇 자와 페인트 조금만 가지고도 집 안을 멋있게 꾸미는 비법을 가지고 계셨다. 그러나 차고에는 여전히 바키스가 살고 있었다.

생각지도 않게 나의 이 창피스러움이 영광의 불꽃 속에서 사그라지는 신나는 순간이 찾아왔다.

여러 주일 동안 뷰익 로드매스터 고급 승용차 한 대가 시내 중심가의 가장 큰 상점 진열장에 전시되어 있었다. 이 차는 군(郡) 주최 특별 박람회의 마지막 날 밤, 추첨을 해서 당첨된 사람이 차지하게 되어 있었다. 불꽃놀이 구경을 끝내고 나는 당첨번호를 뽑는 극적인 절정의 순간을 지켜보기 위해 몰려든 군중들 뒤에 서 있었다. 특별히 마련된 단 위에서 형형색색의 깃발과 휘장으로 장식된 그 차가 수많은 조명을 받아 눈부시게 빛나고 있었다. 시장이 앞으로 나와 행운의 복권을 뽑기 위해 투명한 유리그릇 속으로 손을 넣자, 몰려든 사람들은 숨을 죽였다.

나는 정말 차가 갖고 싶긴 했지만 온 마을에서 유일하게 차가 없는 우리 집에 행운의 여신이 미소를 던지리라고는

당첨으로 얻은 고급 승용차

전혀 꿈도 꾸지 못했다. 그런데 마이크를 통해 울려 나온 이름—그것은 아버지의 이름이었다! 내가 사람들의 틈을 헤집고 단상 가까이 다가갔을 때 아버지는 시장으로부터 열쇠를 받아들고 계셨다. 아버지는 사람들의 환호와 '성조기여, 영원하라'가 울리는 가운데 차를 몰고 떠나셨다.

나는 그 차에 여자친구를 태우고 학교 댄스파티장으로 달리는 내 모습을 그리면서 쏜살같이 집으로 달려갔다. 집에 오니, 거실에만 불이 켜 있을 뿐 집 안이 어두웠다. 그 차는 우리 집 창문의 불빛을 받아 반짝거리며 차도에 놓여 있었다. 차고에서는 바키스의 힝힝거리는 소리가 들려왔다.

달려오느라 숨이 차 가쁜 숨을 몰아 쉬며 나는 매끄러운 표면을 쓰다듬어 보고는 문을 열고 차 속으로 들어갔다. 호화로운 차 안에서는 새 차의 멋진 냄새가 물씬 풍겼다. 나는 운전석 앞의 번쩍이는 계기판을 살펴보곤 푹신푹신하고 널찍한 뒷좌석을 맘껏 즐기기 위해 고개를 뒤로 돌렸다.

그 때 뒷창을 통해 아버지의 건장한 모습이 두 눈에 들어왔다. 아버지는 보도를 걷고 계셨다. 나는 차에서 내려 문을 쾅 닫고 아버지에게 달려갔다.

"저리 가!"

아버지는 고함을 지르셨다.

아버지가 내 머리통을 몽둥이로 후려쳤다 해도 이보다 더 마음이 아프진 않았을 것이다. 너무나 충격을 받고 나는 그만 집 안으로 들어갔다.

어머니가 거실에서 나를 맞아 주셨다.

"기분 나빠 하지 말아라."

어머니가 말씀하셨다.

"아빠는 지금 양심상의 문제로 고민을 하고 계시단다. 우리는 아버지께서 올바른 판단을 내리실 때까지 기다려야 한다."

"양심에 어긋날 게 뭐가 있어요? 복권에 당첨돼서 탄 건데."

"어쩌면 그 차는 우리 것이 아닐지도 몰라. 문제가 있단다."

나는 발작적으로 소리를 질렀다.

"도대체 무슨 문제가 있을 수 있단 말이에요? 확성기로 발표되었단 말이에요. 온 동네가 다 들었어요!"

"애야, 이리 와 보렴."

테이블 위 전등 바로 밑에 두 장의 복권이 놓여 있었다. 한 장은 348번이었고 또 한 장은 349번이었다. 당첨된 번호는 348번이었다.

"이 두 장 사이에 다른 점을 알 수 있겠니?"

어머니께서 물으셨다. 나는 자세히 복권을 살펴보았다.

"다른 점이라곤 348번이 당첨되었다는 것뿐인데요."

"348번을 불빛에 대고 자세히 보아라."

한참 동안을 자세히 들여다보니 한쪽 모서리에 연필로 희미하게 K라는 글자가 표시되어 있었다.

"K라는 글자가 있지?"

"희미하게 써 있는데요."

당첨으로 얻은 고급 승용차

"그건 켄드릭 씨를 의미하는 거란다."

"짐 켄드릭 씨요? 아빠 회사의 사장님 말씀인가요?"

"그렇단다."

어머니가 설명해 주셨다.

아버지가 짐에게 복권을 사겠느냐고 물으셨다. "좋지." 하고 중얼거리고는 짐은 하던 일을 계속했다. 짐은 그 뒤 복권을 사겠다고 했던 일을 까맣게 잊은 모양이었다. 그래서 아버지는 아버지의 이름으로, 아버지의 돈을 내서 복권을 두 장 사서 348번의 한쪽 귀퉁이에 켄드릭 씨의 것이라는 표시로 K자를 썼던 것이다. 하지만 사실 그 표시는 엄지손가락으로 가볍게 문지르기만 해도 지워질 만큼 흐릿해서 거의 분간할 수도 없는 정도였다.

내가 보기에는 두말 할 필요도 없이 명백했다. 짐 켄드릭 씨는 굉장한 부자였다. 자동차만도 10여 대에 여러 명의 하인들을 거느리고 대저택에 살고 있었다. 운전수도 두 사람이나 있었다. 자동차가 또 한 대 있어 보았자 소중하기로 따지자면 그에게는 바키스의 마구에 달린 재갈이 우리에게 필요한 것만도 못했다.

"그 차는 아버지가 가져야 해요!"

나는 기를 쓰고 우겼다.

"아버지께서 결정을 내리실거야."

어머니는 조용히 말씀하셨다.

이윽고 아버지가 현관으로 들어서는 소리가 들렸다. 나는 숨을 죽였다. 아버지는 곧바로 식당의 전화 있는 곳으로 가시더니 다이얼을 돌렸다. 켄드릭 씨의 전화벨이 오랫

동안 울렸다. 마침내 켄드릭 씨네 하인이 전화를 받았다.
아버지께서 말씀하시는 것으로 미뤄 켄드릭 씨를 깨워야
했던 모양이었다.

켄드릭 씨는 즐거워하기는커녕 잠을 깨워 못마땅한 모양
이었다. 아버지는 자초지종을 설명해야 했다. 이튿날 오후
켄드릭 씨의 두 운전수가 스테이션 왜건을 타고 왔다. 아
버지에게 담배 한 상자를 내밀고는 뷰익을 몰고 갔다.

우리가 차를 갖게 된 것은 훨씬 뒤 내가 다 커서였다.

하지만 세월이 흘러감에 따라 "진정한 부는 인격에 있는
거란다."라는 어머니의 그 귀중한 말씀은 새로운 의미를 지
니게 되었다. 흘러간 세월을 돌이켜보면서 우리가 가장 부
유했던 때는 켄드릭 씨에게 아버지가 차를 가져가라고 전
화를 걸던 바로 그 순간이었다는 것을 이제야 비로소 나는
알게 된 것이다.

당첨으로 얻은 고급 승용차

고향이 가득 찬 상자

용기를 잃지 않는 용감한 사람이 되십시오.
위로는 적절한 때에 당신을 찾아갈 것입니다.

다시 한 해가 저물고 있었다. 하늘로 솟은 런던의 지붕과 굴뚝, 통풍관들은 마치 감옥의 사방을 둘러싼 흙벽처럼 나를 둘러싸고 있는 것같이 보였다.

내 2층 방 창문을 통해 내려다보이는 풍경 역시 쓸쓸하기만 했다. 음산하게 보이는 뒤뜰과 거기에 삐죽삐죽 서 있는 잎사귀 없는 앙상한 나무들. 멀리서는 시간을 알리는 종소리가 울리고 있었다. 종소리가 울려 퍼질 때마다 집을 떠나 멀리 와 있다는 쓸쓸한 느낌은 더욱더 날카로와졌다.

1953년. 나는 한밑천 잡아 볼 양으로 에이레 메이오군(郡)의 킬켈리를 떠나 런던에 막 도착한 터였지만, 밀어닥치는 향수 때문에 무거운 물건에 눌려 숨통이 막히는 것 같았다.

나는 침대 위에 털썩 주저앉아 여행 가방을 바라보았다. '짐을 풀어야 할 텐데' 하고 혼자말로 중얼거렸다. 짐을 풀어 챙겨 놓는 그 행동만으로도 일종의 정돈감 같은 것이 생기고, 갈망하던 이 낯설은 환경에 대한 적응의식도 생길지 모른다는 생각이 들었다. 그러나 나중에 하기로 했다. 그 때 당장은, 그 날 오후 도착한 이래 입고 있던 코트조차 벗을 기력이 나질 않았다. 울적한 기분으로 창 밖을 바라보면서 내 생애에서 일찍이 맛보지 못한 절망감에 빠져 있었다. 그 때, 예기치 않게 방문을 두드리는 소리가 났다.

하숙집 주인 비그스 할머니였다. 조금 전 나를 방으로 안내해 줄 때 잠깐 만난 그 할머니였다. 방문을 여니 조그마한 몸집에 백발인 할머니는 나를 자세히 쳐다보더니 전등도 켜지 않은 방 안으로 눈길을 보냈다.

"어두운 데 앉아 있네요."

그 때 비로소 나는 미처 전등을 켤 생각도 하지 못했구나 하는 생각이 났다.

"그 무거운 코트도 그대로 입고 있네."

비그스 할머니는 마치 걱정스러워 하는 어머니같이 내 코트 소매를 끌어당기면서, 나를 꾸짖으며 수선을 떨었다.

"아래층으로 내려와서 따끈한 차라도 한 잔 합시다. 총각한테는 뭐든 한 잔 필요할 것 같아요."

할머니의 응접실은 찰스 디킨스의 소설에 나오는 장면을 그대로 옮겨 놓은 것 같았다. 벽에는 색깔이 바랜 영국 풍경화와 어두컴컴한 가족 초상화들이 가득 걸려 있었고, 방 안에는 화려한 장식의 거대한 가구들이 꽉 차 있었다. 이러한 방에 들어선 비그스 할머니는 마치 은발의 요정같이 보였다.

"난 젊은이한테서 무슨 소리가 들리나 하고 듣고 있었어요."

할머니는 찻주전자와 찻잔을 들고 부지런히 차를 준비하

면서 말했다.

"그런데 아무 기척도 없더구먼. 젊은이가 도착했을 때 가방에 달린 꼬리표를 난 알아 보았다오. 한평생 하숙생만 치고 살아왔으니까. 젊은이가 몹시 울적한 기분이라는 것을 난 눈치챘지."

나그네들을 위한 나이팅게일과도 같은 할머니와 같이 앉아 차를 마시면서, 나의 울적한 기분은 조금씩 가셨다. 지금까지 나 외에도 얼마나 많은 서먹서먹한 나그네들이 가구가 빽빽히 들어찬 이 방에서 할머니가 베푸는 직감적인 도움으로 위안을 받았을까 하고 혼자서 상상해 보았다.

마침내 내 방으로 가 봐야겠다고 하자 할머니는 나에게 보여줄 것이 있다고 우기는 것이었다. 할머니는 다 낡은 나무상자 하나를 가져와 탁자 위에 올려 놓았다. 크기가 구두 상자의 반쯤 되어 보이는 그 상자는 확실히 오래된 것으로, 낡은 노끈으로 묶여 있었다.

"내가 가장 소중히 간직하는 물건이지요."

할머니는 만지는 것조차 황송스러운 듯 그 상자를 어루만지면서 말했다.

"나한테는 임금님의 보석보다 더 귀중한 것이라오!"

퇴색된 그 상자에는 반드시 소중히 간직해 온 추억의 유품들이 들어 있을 테지 하고 나는 생각했다. 나의 옷가방에도 별 것 아니지만 나에게는 감상적으로 무한히 가치 있는 물건들이 몇 가지 들어 있으니까.

"이것은 우리 어머니께서 주신 것이라오."

할머니는 말했다.

"내가 처음 집을 떠나던 1912년 어느 날 아침이었답니다. 언제나 소중히 간직하라고 하시면서, 나에게는 그 무엇보다도 소중한 것이 되리라고 말씀하시더군요."

1912년! 내 나이의 두 배가 넘는 40년 전의 일이었다. 그 당시의 사건들이 섬광처럼 나의 머릿속을 스쳐갔다. 타이타닉호의 침몰, 스코트의 남극탐험, 제1차 세계대전의 희미한 포성 등등.

"이 상자는 말이오, 두 차례의 세계대전을 겪었다오."

할머니는 말을 이었다.

"1917년에는 카이저의 체펠린 비행선, 다음 히틀러의 폭격기들도 겪었고. 그 때마다 방공호 속으로 끼고 내려갔었지요. 집은 잃어도 이것만은 잃지 않겠다고."

이쯤 되자 나는 궁금해져 어찌 할 줄을 몰랐고 할머니는 더욱더 신이 나셨다.

"또 한 가지 얘기해 둬야 할 것은, 지금까지 그 오랜 세월 동안 나는 한 번도 이 상자 뚜껑을 열어 보지 않았다는 거라오."

할머니는 재미있다는 듯이 안경 너머로 나를 지그시 바라보면서 물었다.

"이 속에 무엇이 들어 있는지 짐작할 수 있겠소?"

얼떨떨해진 나는 고개를 저었다. 가장 소중히 간직하는 물건이라니까 무엇인가 특별한 것임이 틀림없겠지 생각하면서. 할머니는 김이 무럭무럭 나는 차를 한 잔 더 따르고 나서 안락의자로 되돌아와 앉은 뒤 묵묵히 나를 바라보았다. 마치 뭐라고 말해 줄까 말을 고르고 있는 것 같았다.

고향이 가득 찬 상자

그러나 할머니가 한 말은 놀랄 만큼 간단한 것이었다.

"아무 것도 없다오! 빈 상자예요."

빈 상자라고! 도대체 무엇 때문에 그런 빈 상자를 소중히 간직했단 말인가? 그것도 40년 동안이나. 나는 혹시 친절한 이 노부인이 약간 이상한 사람은 아닌가 하는 의심마저 들었다.

"이상하게 생각되죠? 그렇지요? 오랫동안 쓸모도 없는 물건을 아껴 두고 있다는 게 말이우. 그러나 이 상자는 진짜로 빈 상자는 아니라오."

이 말을 듣고 나는 그래도 무엇인가 애써 이해해 보려던 노력마저 아예 포기해 버리고 껄껄 소리내어 웃었다.

"사실이라오."

할머니는 진지하게 말했다.

"우리 어머니가 이 상자 뚜껑을 닫고 묶으신 것은 40여 년 전이었는데, 그것은 내가 요크셔의 우리 집을 떠나기 전 마지막으로 해 주신 일이었다오. 어머니는 이 세상에서 가장 아늑한 보금자리였던 그 집의 온갖 소리와 내음과 모습으로 이 상자를 가득 채운 뒤 봉하고 묶어 주신 거라오. 그 뒤 나는 한 번도 이 상자를 열어 보지 않았지만, 이 상자에는 아직도 값으로 따질 수 없이 소중한 것들이 가득차 있지요."

고향의 그리운 훈기로 가득 찬 상자! 집을 떠날 때 가지고 나올 만한 물건 중에서도 그것은 확실히 독특한 것이요, 오래도록 지속될 만한 것임에 틀림없다. 가족사진은 퇴색하고, 꽃다발도 변하지만, 고향집의 내음은 우리의 손가락 끝같이 가까이 간직할 수 있으니까.

비그스 할머니는 이제 더 이상 나를 응시하고 있지 않았다. 퇴색된 상자를 내려다보면서 가볍게 손가락으로 뚜껑을 어루만지고 있었다. 옛날을 회상하면서.

그 날 밤이 이슥해서 나는 다시 시내를 내다보았다. 무수한 불빛으로 반짝이는 시내가 아까보다 훨씬 더 다정하게 느껴졌다. 나의 외로운 마음은 이제 많이 가셔진 것 같았다.

비그스 할머니의 그 따뜻한 차 덕분이라는 것을 알고 나는 가벼운 웃음을 지었다.

그러나 비그스 할머니의 차는 나에게 그 이상의 것을 가르쳐 주었다. 사람들은 누구나 집을 떠날 때는 조금이나마 자신의 일부를 남기는 법이지만, 또한 동시에 비그스 할머니가 그랬던 것처럼 일부를 가지고 떠날 수도 있다는 사실을 나는 배운 것이었다.

밤화장을 해줘요

모든 증오의 감정을 멀리할수록
오랫동안 젊음을 간직할 수 있게 됩니다

내 친구가 화장품 가게를 그만두게 되었습니다. 그래서 화장품을 모두 반납했는데, 샘플은 반납할 수가 없었습니다. 그 친구는 어떻게 하면 그것을 잘 활용할 수 있을까 궁리한 끝에, 그 지역에 있는 양로원에 가서 할머니들에게 무료로 화장 시범을 보여주기로 했습니다. 그리고는 나에게 도와달라고 부탁했습니다.

우리는 샘플 두 박스, 세수 수건, 면봉, 거울과 빗이 든 쇼핑백과 티슈 박스 등을 가지고 양로원으로 갔습니다. 곧 우리는 휴게실로 안내되었습니다. 거기에는 커다랗고 둥근 탁자, 훌륭한 조명, 그리고 기능이 좋은 세면대가 갖추어져 있었습니다. 우리는 짐을 풀고 손님들을 파티에 초대했습니다.

다섯 분의 할머니가 한사람씩 테이블 주위로 다가와 맞았습니다. 세 분은 휠체어에 앉았고, 나머지 두 할머니도 보조기에 의지했습니다. 모두 머리가 하얗고, 얼굴에 주름이 쪼글쪼글했으며, 등이 굽어 있었습니다. 살은 하나도 없고 뼈만 앙상한 것 같았습니다.

대부분 79세에서 91세인 이 할머니들은 우리를 보고 두 손을 무릎 위에 얹고 머리를 숙이며 고맙다고 인사했습니다. 그분들은 매우 늙어 보였고, 자신들에 대해서, 그리고 자신들의 삶에 아주 지친 것 같았습니다. 나는 마음이 쓰라려 당장 그 자리를 떠나고 싶었습니다.

나는 클렌징 크림 샘플이나 화장솜, 그리고 스킨 로션과 파운데이션 등 친구가 요구하는 대로 내주는 보조원 역할을 했습니다. 할머니들은 크림을 바르고는 아주 기분이 좋다고, 피부가 얼마나 부드러워졌는지 모르겠다고 좋아들 하셨습니다.

그분들이 서로 이야기하는 소리를 들으며, 나는 그분들이 겉보기와는 달리 마음은 그렇게 삭막하지 않다는 것을 깨달았습니다. 나이는 80세 노인이었지만 마음은 20대 청춘이었던 것입니다. 나는 그분들을 노쇠한 할머니로 여기지 않고 내 친구들처럼 여기며 대화를 나누었습니다.

두 분은 말 그대로 눈이 보이지 않았고, 다른 분들도 시력이 아주 나빴습니다. 우리는 화장 시범을 보여주기로 했습니다. 그런데 모두 화장을 해보고 싶어하셨기 때문에, 우리는 모두 해드리기로 했습니다. 친구는 분을 발라 드리고, 눈썹을 그렸습니다. 할머니들의 눈썹이 있었던 자리에 연필을 갖다대면서 나는 피부가 정말 곱다고 부추겨 드렸습니다. 화장이 끝나면 얼마나 섹시해 보일지 모르겠다고 놀려대면서요.

그리고 이렇게 물었습니다.

"낮화장을 할까요, 아니면 섹시한 밤화장을 할까요?"

그러자 그분들은 모두 정열적이고 섹시한 모습의 밤화장

밤화장을 해줘요

223

을 해달라고 하셨습니다. 할머니들은 정말로 신이 나 있었습니다. 그래서 나는 매혹적이고 화려한 브라운 섀도우를 들었습니다.

마지막으로 립스틱을 바를 차례가 되었습니다. 할머니들이 립스틱을 바르기 위해 입술을 쭉 내밀었습니다. 모두 앵두열매 같은 빨간 립스틱을 발라달라고 졸랐습니다. 아직까지 시력이 남아 있는 분들은 화장이 어떻게 됐나 보기 위해 거울을 들여다보았습니다.

그것을 보고 요양원 직원들이 이구동성으로 정말 아름답다고 찬사를 아끼지 않았습니다. 내가 할머니들을 '멋진 유혹자'라고 부르자, 그분들은 어깨를 으쓱해 보였습니다.

직원이 카메라로 사진을 찍었습니다. 잘 나온 것은 크게 확대해서 식당 게시판에 걸어놓을 작정입니다.

나는 할머니들의 달라진 모습을 보고 가슴이 찡했습니다. 그렇습니다. 화장을 해놓았더니 얼굴빛이 확 달라졌습니다. 얼굴빛만 달라진 게 아닙니다. 뭔가 신비스럽고 놀라운 일이 일어났습니다. 할머니들은 눈에 띄게 활기가 넘쳤습니다.

그분들은 방에 들어가 예쁜 옷을 가지고 나와서 입는 것을 도와달라고 보조원들에게 부탁했고, 옷을 입는 동안 이 남자 저 남자를 유혹하며 농담을 하셨습니다. 이를테면 이렇게 말이죠.

"나 멋지지 않아요?"

"오늘 밤 시간 있어요?"

"당신 참 좋은 남자예요."

이제 그분들은 활기차고 매력적인 여성, 자신의 성을 다시 한 번 즐길 줄 아는 그런 멋진 여성이 되었습니다. 그분들은 비록 오후 한때이기는 했지만, 다시 한 번 젊음을 누릴 수 있었던 겁니다. 아주 훌륭한 선물이었지요.

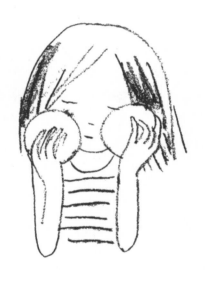

밤화장을 해줘요

어느 무의탁노인의 유산
우리들은 부를 머릿속에서 가질 것이 아니라
마음 속에 가져야 합니다

디토 씨가 돌아가실 때 나는 침대 옆에서 그를 지켜보고 있었다. 움푹 팬 베개에 머리를 푹 파묻은 그의 모습은 마치 흰 베개 위에 놓인 까만 인형 같아 보였다.

맥박도 거의 느낄 수 없는 노인의 임종을 가까이에서 지켜보고 있던 나에겐 마치 인간이 변형되는 모습을 보는 것 같은 이상야릇한 느낌이 들었다. 아주 가까이서 보면 마치 새로이 부화한 나방이 시들어 버린 껍데기를 떠날 때같이, 그의 영혼이 몸을 벗어나 높이 치솟아오르는 것 같았다.

드디어 그의 마지막 꺼져 가는 호흡소리가 들리기 시작했다. 그 사람은 죽는 순간에도 죽음을 거역하려 들지 않았다. 그의 죽음은 만족감에 찬 한숨과도 같이 부드럽고 고통 없이 찾아왔다.

펼쳐진 성경책을 큼직한 손바닥 위에 살짝 올려놓은 채 침대 옆에 앉아 있던 윌리엄 하워드 목사는 성경책을 조용히 덮은 다음 머리를 숙이고 속삭이듯 기도했다.

"오! 자비로우신 아버지, 당신 종의 영혼을 아버지 손에 맡깁니다."

잠시 뒤 목사님은 무거운 내 마음을 이해한 듯이 나의

어깨에 부드럽게 손을 얹고, "기뻐하고, 즐거워하라"고 말했다. 그리고는 돌아서서 문을 살짝 닫으면서 방을 나갔다.

그가 떠나고 나서 나는 환자가 숨졌을 때 간호사가 해야 할 일들을 했다. 침대 옆에 있는 서랍을 열고 디토 씨의 물건들을 모두 한데 모았다. 몹시 휘어서 찌그러진 구식 돋보기 안경, 날이 녹슨 면도기, 손때 묻고 너덜너덜해진 성경책, 그리고 내가 이미 나오리라고 예상했던 바로 그 동전 한 닢. 디토 씨에게 그렇게도 많은 기쁨을 주었던 바로 그 마지막 동전을 발견했다.

그것은 그 사람이 평생동안 간직했던 보물의 전부였다. 나는 추억에 잠긴 채 그것을 오랫동안 손에 쥐고 있었다.

디토 씨는 내가 미국 켄터키 주 루이빌의 원호병원 결핵 병동에서 간호사로 일하기 시작했던 1947년 겨울, 나에게 맡겨진 최초의 환자였다.

그의 이름은 디토가 본명이었고 다른 어떤 이름도 가지고 있지 않았다. 그는 미국 남북전쟁 때 뉴올리언스에서 노예였던 부모에게서 태어났다. 어린 나이에 부모를 잃은 뒤 노예해방과 함께 세상에 내던져진 사람이었다. 그는 스페인과 미국 사이에 벌어졌던 미서전쟁에 참전한 것 외에는 언제나 뜨내기로 지내왔다.

그러던 어느 날 전쟁이 일어나기 전에 그가 일했던 곳의 주인이 그에게 통나무집을 주었다. 그는 거기서 혼자 살면서 일자리를 주겠다는 사람만 있으면 어디든지 가서 별의

별 일들을 하며 하루하루 살았다. 루이빌로 옮겨온 것은 몇 해 전이었는데 그 때는 이미 오랫동안 앓아 온 터라, 병원에 입원했을 때는 오래된 골반결핵이 더욱 악화되어 있었다. 큰 고름집이 터져 고름이 흐르는 심각한 상태였다.

첫날 그의 병실에 들어가자 심한 악취가 코를 찔렀다. 나는 당장이라도 돌아서서 도망가고 싶었다. 사실 디토 씨의 눈에서 말로 표현할 수 없는 그 무엇인가가 나를 끌어당기지 않았다면 나는 아마도 도망쳐 버렸을 것이다.

"안녕히 주무셨어요? 디토 씨. 아침 일과를 시작할 준비가 되셨나요?"

"뭔지는 모르겠습니다만, 아가씨께서 내게 필요한 일이라고 하신다면 준비가 되었습죠."

나는 우선 목욕을 시키고 침대보를 갈아 주는 일부터 시작했다. 그의 몸은 너무나도 야위어서 옆으로 가만히 돌려 뉘었을 때는 거의 허깨비 같았다. 그의 두 눈은 고통 때문에 튀어나왔지만 아무 신음소리도 내지 않았다.

그의 상처를 감았던 붕대를 풀었을 때 얼마나 메스꺼웠는지 아직도 기억에 생생하다. 그러나 바로 그 때 가냘픈 목소리를 듣고 나는 그것을 참아 낼 수 있었다.

"아가씨, 이 냄새를 어떻게 참고 견디시죠? 나 자신도 구역질이 나는 걸."

그러면서 얼굴을 찡그리던 표정이 얼마나 우습던지 나는 그만 큰소리로 웃어 버렸다. 그도 역시 따라 웃었다. 그러자 우리는 까닭을 알 수 없는 즐거움에 싸여 서로를 멍하게 바라보았다. 갑자기 병실 안의 공기는 신선해지고 그 끔찍스러운 상처도 덜 불쾌하게 느껴졌다. 그 뒤 내 눈에는 그 상처가 다시는 끔찍해 보이질 않았다.

깨끗한 흰 침대보를 덮어주고 그의 가슴 위로 끌어당겨 접어 넣자, 조금 전 우리의 다정했던 장면을 아직도 머리에 떠올리고 있는지 그의 얼굴은 여전히 환하게 밝아 보였다.

"정말로 감사합니다. 아가씨, 이제 훨씬 기분이 좋습니다."

그는 힘없이 떨리는 뼈만 앙상한 손을 뻗더니 침대 곁에 있는 서랍 안을 뒤졌다. 그 곳에서 반짝이는 동전 한 개를 꺼내더니 내게 건네 주었다.

"아가씨의 친절에 보답하기에는 너무나 보잘것없습니다만, 오늘같이 고약한 추위에는 따뜻한 커피 한 잔이 필요할 것 같아서……."

그 서랍 속에는 갖가지 소지품들 사이에 약 스무 개쯤 돼 보이는 동전들이 흩어져 있었다. 그 사람이 갖고 있는 재산의 전부였다. 나는 그것을 즉시 받았어야 했다. 그러나 나는 너무 성급하게 사양해 버렸다.

"아, 아니예요, 디토 씨. 그런 건 받을 수 없어요. 아꼈다가 나중에 어려울 때에 쓰세요."

그 순간 영감의 얼굴에서 그 밝은 빛이 가시고 어두운 그림자가 내려앉았다.

"나한테 지금보다 더 어려운 때가 또 언제 있겠수?"

그의 절망한 듯한 축 처진 목소리를 들은 순간 나는 곧

어느 무의탁노인의 유산

내가 한 말을 후회했다. 나는 그 사람을 이 세상에 아무것도 줄 것도 없고, 죽는 것 외에는 아무것도 이룰 수 없는 보잘것없는 늙은이로 만들어 버린 것이었다. 나는 재빨리 말했다.

"할아버지, 할아버지 말씀이 맞는 것 같아요. 제게 지금 따뜻한 커피 한 잔이 꼭 필요한 것 같네요."

나는 그의 손에서 동전을 받아 가지면서 그의 얼굴에 다시 환한 빛이 되살아나는 것을 보았다.

그 날 이후로 디토 씨는 계속 쇠약해졌다. 그런데도 매일 아침 그 괴로운 일과를 되풀이할 때마다 순순히 응했다. 아침마다 우리는 짧은 대화를 나누었고, 가벼운 농담으로 하루를 시작했다. 그러는 가운데 나는 그와 함께 보내는 시간을 기다리게까지 되었다. 내가 그의 병실을 떠나려 하면 그는 항상 바짝 마른 손으로 서랍 속을 더듬어 또하나의 동전을 꺼내 나에게 주면서 이렇게 말하곤 했다.

"아가씨의 친절에 보답하기에는 너무 보잘것없는 것입니다."

나는 그 작은 동전더미가 천천히 사라져 가는 것을 보고 디토 씨가 자기의 그 작은 보물들이 다 없어지기 전에 세상을 떠났으면 하고 기도했다. 이제 그에게는 남은 힘이라곤 거의 없었다. 그럼에도 나의 도움을 빌어서라도 서랍 속에 손을 넣어 꼭 동전 하나씩을 꺼내 주는 것만은 단 한 번도 잊지 않았다.

하루는 그가 서랍 안에 든 마지막 동전 한 개를 집으려고 팔을 뻗고 있는 것을 보았다. 나는 눈 속에 고이는 눈물을 간신히 참으면서 그의 손을 그리로 옮겨다 주었다. 그러면서 동전이 마지막이라는 것을 그가 혹시 깨달았는지 눈치를 살폈으나, 그는 전혀 그 사실을 모르고 있었다. 평소와 똑같은 웃음을 띠고 또 똑같은 감사의 말을 중얼거리며 나에게 동전을 건네 주는 것이었다.

그 때 나는 그 사람이 이제 죽음에 앞서 오는 조용한 반의식 상태에 빠져 버렸다는 것을 알았다. 디토 씨는 이제 오로지 주는 기쁨만을 의식하는 상태에 빠져 세상일을 셈하는 능력을 잃어버린 것이었다. 나는 디토 씨 몰래 서랍 안에 동전을 다시 넣었다.

그는 그 뒤 2주일 간을 더 살았다. 매일 아침 침대보를 갈아 깨끗한 흰색 침대보를 편안하게 씌워 주면 그는 반복해서 같은 말을 중얼거리곤 했다.

"아가씨는 천사입니다. 진짜 훌륭한 천사라니까요."

그러면 나는 으레 그의 손을 서랍 속의 구석 쪽으로 가져다 주었다. 그러면 그는 내게 동전을 주었고, 나는 그것을 다시 제자리에 놓았다.

마지막 날 나는 목사인 하워드 씨를 불렀다. 목사님은 막 잠이 들려는 아이에게 책을 읽어 주듯 부드럽게 아름다운 성경 구절을 읽어 내려갔다.

"예수께서 무리를 보시고 산에 올라가 앉으시자 제자들이 곁으로 다가왔다. 예수께서 비로소 입을 열어 이렇게 가르치셨다. 마음이 가난한 사람은 행복하다. 하늘나라가 그들의 것이다. 슬퍼하는 사람은 행복하다. 그들은 위로를 받을 것이다. 온유한 사람은 행복하다. 그들은 땅을 차지

할 것이다."

나는 생각했다. 디토 씨야말로 이 세상 어느 누구보다도 더 가난했고, 더 온유했던 사람이라고. 그 무서운 고통을 아무 불평 없이 받아들인 사람이었다. 그런데도 그의 생의 마지막 순간인 지금, 그는 영원한 행복을 약속하는 소리를 들을 수 없지 않은가? 갑자기 내 마음 속에 반항심이 용솟음쳤다.

미스터 디토! 그 사람의 인생을 얼마나 잘 묘사한 이름인가! 마치 하느님이 숱한 인간의 무리를 만드시다가 잠깐 멈추고 '디토(위와 같음)'라고 하자 그 사람이 나타난 것과 같이.

도대체 무슨 목적을 위해 디토라는 사람이 만들어졌을까? 숱한 고통의 인내 속에서 보잘것없는 삶을 살다 간 그 사람의 삶에는 무슨 뜻이 깃들어 있단 말인가!

목사님이 떠난 뒤 나는 그의 마지막 동전 한 개를 손에 쥔 채 오랫동안 서 있었다. 결국 나는 그것을 디토 씨의 다른 유품들과 함께 작은 보따리로 묶은 다음 그의 이름을 적었다. 그리고 그것을 사무실로 가지고 가 하워드 씨에게 보냈다.

그 날, 막 퇴근하려고 하는데 하워드 씨가 내 병동으로 찾아왔다. 그는 나를 보고 미소를 지었다.

"디토 씨가 작지만 상당한 유산을 하나 남기고 갔군요. 아마 그는 이걸 당신이 갖기를 바랄 겁니다."

나는 그것을 순순히 받아들었다. 순간적으로 디토 씨의 환한 눈빛이 떠올랐다. 나는 언제나 그것을 받을 때마다 그것을 그의 가난의 상징으로 생각하고 슬픈 마음으로 받았다. 그러나 그제서야 처음으로 내가 그제까지 전혀 존재하리라고 상상조차 하지 못했던 번쩍이는 무한한 부의 상징으로 보였던 것이다.

동시에 바로 그 순간 모든 슬픔과 동정심이 사라졌다. 내가 가난하고 불쌍한 사람으로 생각했던 디토 씨, 그 디토 씨는 믿을 수 없을 만큼 부유한 사람이었다. 그가 남긴 그 막대한 유산 속에는 한 인간이 마음 속에 간직할 수 있는 온갖 인내와 믿음과 사랑이 있었던 것이다.

나는 병원 매점에 가서 커피 한 잔을 샀다. 창가에 빈 테이블 하나가 있어서 그 곳에 앉았다. 밖은 어두워져 가고 있었다. 하늘에는 작은 저녁별 하나가 이르게 반짝이고 있었다.

나는 김이 모락모락 피어오르는 커피를 입가로 가져가 조용히 건배를 했다.

"이 땅을 차지할 디토 씨를 위해!"

어느 무의탁노인의 유산

동물원으로 겨울 사자를 보러 가라

캐시미어 옷을 하나 사라. 스웨터라도 머플러라도 카디건이라도 모두 좋다.

햇빛에서 따뜻해진 고양이 등에 귀와 뺨을 대보아라. 고양이가 가만히 있는 동안 눈을 감고 고양이 심장 소리를 들어라.

가을 푸른 하늘을 보면서 창문을 반짝반짝 닦아라.

사랑하는 사람에게 전화를 걸어라. 걱정하던 일, 사과해야 하는데도 그대로 내버려 둔 일들을 찾아내어 용기를 내어 고백하라.

새로운 메밀국수를 먹으러 산속 메밀국수집으로 가라. 설레며 전차를 타고.

여러 빛깔로 물들어 떨어지는 낙엽을 밟기 위해 숲속으로 가라. 조용히 한 걸음씩 걸으면서 낙엽 떨어지는 소리에 귀를 기울이라.

스산한 가을이 가고 흰 겨울이 왔다.

겨울 밤 우유로 차를 만들어라. 시나몬 카르다몸 생강 모두 넣고.

정글짐 위에서 풍선껌을 부풀리라.

넘어진 고양이의 배를 간질이듯 쓰다듬어라.

달을 갉아먹어라. 손을 뻗으면 닿을 것 같은 노랗고 큰 달을 보며 그것을 갉아먹는 상상을 하라. 케이크처럼 푹신푹신할까. 비스킷처럼 바삭바삭할까. 사탕처럼 아삭아삭해서 즐거울까.

동물원으로 겨울 사자를 보러 가라.

봄날을 위해 알뿌리를 심어라. 스노드롭, 튤립, 크로커스, 겨울이 시작하는 대로 차가운 땅속에 조용히 묻어라.

치즈 토스트를 구워라. 뜨거운 치즈가 실같이 늘어난 따끈따끈한 토스트를 욕심껏 먹어라.

하얀 벽에 생긴 햇볕그림자놀이를 한다.

세심하게 밀크 코코아를 따르라. 펄펄 거품이 나는 코코아가 넘치지 않도록 주의하라. 눈을 떼지 말고. 그러고서 마시멜로를 띄워라.

물구나무를 해보라.

이불을 말리라. 볼록해져서 따뜻해진 이불에 뺨을 맞대고 비비라. 햇볕 냄새가 나면, 꼭 껴안아라.

큰 담요를 가지고 친구와 겨울별을 보러가라. 같이 담요를 뒤집어쓰고 하늘을 보며 별똥별을 세라. 따뜻한 커피가 든 물통 하나, 쌍안경 하나, 별자리판, 초콜릿 몇 알을 가지고 가자.

네잎 클로버 강의실

속물 치료법

아름다움은 얼굴에 있는 것이 아니라
그 사람과 그 노력의 어울림 속에 있습니다

24년 전 어느 화창한 여름날 아침, 우편배달부가 하버드
대학교의 주소가 또렷하게 찍힌 편지 한 통을 내게 건네
주었다. 떨리는 손으로 나는 봉투를 뜯고 읽어 보았다.

'입학 사정위원회는 기꺼이……'

나는 헐레벌떡 아버지에게 달려갔다.

"하버드에 입학이 됐어요!"

"그거 잘 됐구나. 하버드가 널 속물로 만들지 않았으면
좋겠다."

그 말씀에 난 놀라고 말았다. 나는 내게 속물이 될 소지
가 있는 줄은 전혀 모르고 있었다. 부모님도 그 자식이 설
사 속물이라면 그대로 놔두지 않았을 것이다.

아버지는 버지니아 대학교를 어렵게 다니셨다. 아버지는
지금은 잡지 편집인 겸 신문학 교수로 계신다. 혹시 귀족
이 있다면, 오로지 스스로의 힘으로 큰 일을 한 사람일 거
라고 믿는 분이었다.

"속물(snob)이라는 말이 생기게 된 유래를 말해 주지.
그 옛날 영국에서 사람들은 자기 이름 뒤에 항상 자기의
지위를 붙여 썼다. 지위가 없는 사람은 'sine nobilitate'라는

라틴어를 썼다. 이 말이 줄어들어 'snob'이란 말이 된건데, 그것은 말할 것도 없이 '작위 없음'이란 뜻이지."

 "알아요, 아버지"

 가끔 아버지는 거의 참을 수 없을 정도로 학자티를 내시곤했다.

 그 해 9월, 나는 하버드 대학교에 들어갔는데 겁이 나 죽을 것만 같았다. 보스턴에는 아는 사람이라고는 단 한 명도 없었다. 벽돌로 지은 거대한 기숙사 건물은 마치 무덤처럼 보였고, 설마 선배들이 그래도 나의 외로움을 달래 주려니 하고 기대를 걸어 보았지만, 곧 그것이 환상이었음을 알게 되었다.

 '하버드의 무관심'이라는 말은 단순히 하버드 대학교를 질투하는 사람들이 만들어 낸 것이 아니었다. 하버드 대학생들 대부분이 무슨 미덕이나 되는 것처럼 떠받들고 있는 특징이었던 것이다. 스스로 자신의 가치를 드러내려고 애쓰지 않으면 이 넓은 세상의 누구 하나도 그 노력을 대신해 주지 않는다는 것을 일찍부터 가르쳐 주는 것이, 하버드 대학이 지니는 특질의 하나라는 것을 나는 그때까지 모르고 있었다.

 편지를 가지러 아래층으로 내려가 보면, 기숙사에 있는 학생편지함에는 모두 보스턴 사교계에 데뷔하는 아가씨들이 보낸 파티 초청장이 든 크림색의 묵직한 편지 봉투들이 수북했다. 그런데 내게 오는 것이라고는 청구서, 광고지, YMCA댄스 파티 초청장이 고작이었다. 문제는 어떻게 하면 속물이 되지 않느냐가 아니라, 나만 빼놓고는 모두가 귀족 같아 보이는 세상에서 어떻게 견뎌내야 하느냐가 아닐까 하는 생각이 먼저 들었다.

'작위 없음'—그것은 다름 아닌 바로 내 처지를 가리키는 말이었다. 신세계를 찾아 유럽을 떠났던 농민 출신의 우리 조상들처럼 나도 '작위 없는' 신세가 되기는 싫었다. 난 높아지고 싶었다.

그러나 '작위 없는' 사람들이 모두 그랬던 것처럼, 나도 잘난 사람이 되는 길을 찾는다는 것이 전혀 뚱딴지 같은 방법을 택하고 말았다. 나는 일류 재단사를 찾아가 양복을 새로 해 입었다. 그리고 보스턴 토박이 학생을 만나 어떻게 해서든 친구가 되고자 했다. 특히 신사들이면 지녀야 한다고 생각되는 태도와 지식을 익히려고 열심히 노력했다.

크리스마스 휴가로 집에 돌아왔을 때, 난 딴 사람이 되어 있었다. 아무렇게나 걸치고 다니던 옷이 우아한 트위드와 플란넬 고급 양복으로 바뀌어 있었다. 부모에게서 물려받은 전국 어디서나 통하는 말에 보스턴 액센트가 섞여 나왔다.

"너 변했구나."

아버지께서 조용히 말씀하셨다.

"민주주의 사회에서 신사가 돼서 나쁜 법은 없죠."

보스턴에서 만난 멋쟁이 선배에게서 들은 말을 그대로 흉내내며 나는 대답했다.

"네가 생각하는 신사란 어떤 사람이냐?"

아버지께서 물으셨다.

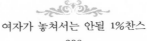

"우선 신사는 고급 시가와 고급 술과 멋진 여자를 고를 줄 알아야 한다고 생각합니다."

나는 선배의 말을 또다시 빌어서 대답했다.

"그럼 먼저, 시가에 대해서 들어 보자."

"감촉과 향기, 그리고 재가 쉽게 떨어지지 않고 그대로 타들어 가는 것을 보면 알 수 있죠."

"그래, 네가 좋아하는 시가는 뭐지?"

내가 50센트짜리 시가의 이름을 대자, 아버지는 말씀하셨다.

"암, 거 좋은 담배지."

그 해 크리스마스날 나는 값진 시가 한 갑을 받았다. 남은 휴가가 끝나는 날까지 나는 식사를 마치고 나면 언제나 시가 한대를 피워 물었다. 아버지는 이따금 이렇게 물으셨다.

"그래, 향기가 어떠냐? 네가 생각하던 것만 하냐?"

"그러믄요."

나는 흠흠거리며 시가 냄새를 맡아 보면서 대답했다.

"아주 훌륭해요."

"감촉은?"

"그만이에요!"

"재는 오래 달려 있니?"

"물론이죠."

내가 다시 기차를 타고 대학으로 돌아가기 직전, 아버지가 나를 서재로 부르시더니 시가 한 갑을 내미셨다.

"자 받아라. 네 50센트짜리 시가다."

"하지만 그 시가는 벌써 다 피웠는데요."

속물 치료법

"그건 5센트짜리 시가였다. 내가 다시 포장한 거였지. 그걸 맛있게 피워 주었다니 기쁘다. 이 진짜 50센트짜리도 맛있게 피워 주길 바란다."

나에게 꼭 필요한 교훈을 주기 위해서 서재에 홀로 앉아 정성들여 50개의 시가를 다시 포장하고 상표를 갈아 끼우는 아버지의 모습, 그 모습밖에는 아무것도 떠오르지 않았다.

"제가 어리석었습니다."

"빨리 깨달을수록 좋은 거지."

아버지는 내가 집에 돌아온 이후 처음으로 나를 끌어안아 주셨다.

"나는 방금 네게 교훈의 반만을 가르쳐 주었을 뿐이야. 포장을 믿지 말아라. 그렇다고 이 세상에 진짜가 없다고도 생각하지 말아라. 이건 정말 좋은 시가란다."

아버지는 셀로판지를 벗겨 버린, 괴물처럼 보이는 기다란 시가에 불을 붙이셨다.

"진짜 훌륭한 시가란 말이다."

전장의 크리스마스 이브

휴머니티 말고는
본질적으로 진실한 것은 없습니다

별안간 문을 두드리는 소리가 났다. 이 순간까지만 해도 어머니와 나는 크리스마스 이브에 일어날 기적 같은 일을 전혀 상상조차 해볼 수 없었다.

1944년, 나는 12살이었다. 우리는 독일과 벨기에 국경 근처에 있는 휴르트겐 숲속 작은 오두막집에서 지내고 있었다. 전쟁이 터지기 전에는 주말마다 아버지가 찾아와 머물면서 사냥을 하며 즐기던 곳이었다. 우리가 살던 아헨 마을은 연합군의 폭격을 받아 완전히 파괴되어 버렸다. 그러자 아버지는 어머니와 나를 이 곳으로 보내 지내도록 했다. 아버지는 그 곳에서 4마일 거리의 국경도시 몬샤우의 민방위대에서 일을 보고 있었다.

"숲속은 별일 없을 거야."

우리를 떠나 보내면서 아버지가 말했다.

"책임지고 어머니를 보살펴 드려야 한다. 넌 이제 우리 집안의 대들보야."

아흐레 뒤면 크리스마스였다. 독일군은 죽을 힘을 다해 막판 공세를 가하고 있었다. 폰 룬드슈테트 원수는 2차대전을 통해 가장 맹렬한 공격을 시도했다.

문 두드리는 소리를 듣고 내가 문 쪽으로 걸어가는 순간에도 총격의 날카로운 소음이 천지를 뒤흔들고 있었다. 가까운 곳에서 쏘아대는 대포 소리가 한밤중의 숲을 술렁이게 했고, 머리 위로는 비행기들이 쉴새없이 날아다니고 있었다. 탐조등의 날카로운 눈길이 어두운 밤하늘을 가르며 사방을 살피고 있었다.

수천 수만 병력의 연합군과 독일군 병사들이 바로 근처에서 피비린내 나는 격전을 벌이고 있었다.

처음 문 두드리는 소리가 났을 때 어머니는 재빨리 촛불을 입김으로 불어 껐다. 어쩔 줄 몰라 하며 내가 문 쪽으로 다가가자 어머니가 한발 앞서 문을 열어 주었다. 눈모자를 쓴 겨울 나무들을 배경으로 철모를 쓴 병사 둘이 우뚝 서 있었다. 그들 중 하나가 눈 위에 쓰러져 있는 또 한 사내를 가리키며 어머니에게 뭐라고 말했다. 우리는 그의 말을 알아들을 수 없었다. 그 순간, 어머니와 나는 거의 동시에 그들이 미군임을 깨달았다.

'적군이다!'

어머니는 내가 흥분하고 있음을 알아차리고 나의 어깨 위에 한 손을 올려놓고 잠시 침묵을 지켰다.

그들은 무장한 군인이었다. 우리 집에 들어오려면 굳이 우리의 허락이 없더라도 우격다짐으로 밀고 들어올 수도 있었을 것이다.

그러나 그들은 그렇게 하지 않았다. 그대로 서서 애원하듯 어머니를 바라보고 있었다. 눈 위에 누워 있는 부상자는 이미 죽었는지도 모를 일이었다.

"들어오시오."

어머니가 독일어로 말했다.

그들은 곧 부상자를 들어다 집 안으로 옮겼다.

그들은 독일어를 알아듣지 못했다. 혹시나 해서 어머니는 프랑스어로 해보았다. 그들 중 하나가 프랑스어를 알고 있어 어머니와 대화가 통했다. 부상자를 살펴봐야겠다고 하면서 어머니는 나에게 일렀다.

"저기 있는 두 사람은 발가락에 동상이 걸린 모양이야. 겉옷과 구두를 벗겨 주고, 밖에 나가 눈을 한 양동이만 퍼 오너라."

나는 곧 어머니의 말대로 한 뒤, 그들의 퍼렇게 언 발을 눈으로 비벼 주었다.

우리는 곧 그들의 정체를 알게 되었다. 땅딸막하니 키가 작고 머리칼이 검은 군인이 짐이고, 날씬하고 키가 큰 군인이 로빈이었다. 부상당한 군인은 해리였다. 그는 집 밖 숲속에 쌓인 눈처럼 창백하게 질린 얼굴을 한 채 내 침대에 누워 잠들었다. 그들은 대열에서 낙오되어 독일군을 피해 사흘 동안 온 숲속을 헤매고 다녔던 것이다. 면도를 하지 않아 수염이 더부룩했지만 이야기를 나누면서 보니 그들은 어린 청년들 같았다. 어머니는 그들을 내 형 또래의 청년으로 대해 주었다.

어머니가 나에게 말했다.

"나가서 헤르만을 좀 잡아오너라. 감자도 대여섯 알 가져오고."

완전히 우리의 크리스마스 계획에서 벗어난 지시였다.

전장의 크리스마스 이브

왜냐하면 헤르만은 크리스마스 이브에 오기로 된 아버지 몫으로 통통하게 살찌워 먹여 온 수탉이었기 때문이다. 어머니는 그 수탉에다 자신이 싫어하는 나치의 제2인자인 헤르만 괴링의 이름을 따 그렇게 불렀다. 실은 오후에 아버지가 못 오실 것이 확실해지자 어머니는 신년 축하 때 쓰려고 계획해 놓았던 것이다. 그런데 이제 어머니는 그 계획을 다시 바꾼 것이다.

닭요리를 하는 어머니를 도와 짐과 내가 서두르는 동안 로빈은 해리를 돌보았다. 해리는 허벅지에 총알이 박혀 피를 많이 흘렸다. 그는 거의 죽을 지경에 처해 있었다. 어머니는 응급 처치로 침대 시트를 쭉 잘라 붕대로 쓰도록 해주었다. 닭고기 굽는 냄새가 온 방 안에 퍼졌다. 내가 어머니를 도와 식탁에 식기를 차리고 있을 때, 문을 두드리는 소리가 났다. 길 잃은 미군으로 생각하고 나는 망설임없이 문을 열었다. 문 밖에는 5년이나 계속되는 전쟁 내내 보아 온 탓으로 눈익은 군장을 갖춘 군인 4명이 서 있었다.

'앗, 독일군이다!'

나는 그들을 마주하는 순간 놀람과 두려움으로 온몸이 굳어버리는 것만 같았다. 아직 어렸지만, 적군을 보호하는 것은 반역죄며 총살형이라는 것쯤은 상식으로 알고 있었다. 어머니도 겁에 질려 얼굴이 창백해지고 머뭇거리고만 있었다. 그러나 잠시 뒤 어머니는 침착을 되찾아 그들을 맞이하며 조용히 말을 걸었다.

"프뢸리에 바이나하텔(메리 크리스마스!)"

"프뢸리에 바이나하델!"

군인들도 어머니의 말을 받아 말했다.

"부대를 잃고 헤매고 있습니다. 하룻밤 신세를 질 수 없을까요?"

하사 계급장을 단 사내가 말했다.

"없긴요, 되고말고요."

낮게 가라앉은 떨리는 목소리로 어머니가 대답했다.

"뿐만 아니라 여러분은 따뜻한 음식으로 주린 배를 채울수도 있지요."

열려진 문을 통해 흘러나오는 음식 냄새를 맡으면서 독일 군인들은 입가에 미소를 떠올렸다.

"저어, 그런데 먼저 드릴 말씀이……."

어머니는 아주 진지한 목소리를 내어 이렇게 말을 꺼냈다.

"지금 집 안엔 다른 손님 세 분이 계신데, 그렇게 친한사이는 아닐 겁니다."

그리고 나서 어머니는 내가 이제껏 한 번도 들어본 적이없는 완고한 목소리로 재빨리 말했다.

"오늘은 크리스마스 이브예요. 내 집에서 서로 총을 쏘아대면 안 돼요!"

"누굽니까? 안에 있는 사람들은."

하사가 물었다.

"미국 병사들이오!"

어머니는 추위에 얼어붙은 독일 군인들의 얼굴을 차례로살폈다. 그런 뒤 천천히 말을 이었다.

"제 말을 들어 보세요. 여러분은 모두 내 아들 같고 안에 있는 저 사람들도 마찬가지예요. 한 소년은 부상을 입어 죽어가고 있고, 다른 두 소년도 여러분처럼 길을 잃고 헤매고 있었어요. 배가 고파 더 이상 걸어갈 수 없을 만큼 지쳐서 말이죠. 부디 오늘 밤만은……."

어머니는 하사를 뚫어지게 바라보며 소리를 좀더 높여 반은 애원하듯 반은 달래듯 말했다.

"크리스마스 이브만은 서로를 상하게 하지 맙시다."

하사는 넋이 나간 표정으로 어머니를 쳐다보았다. 불과 2, 3초간의 침묵이 흘렀으나 무척이나 긴 시간으로 여겨지는 한순간이었다.

그 때였다. 어머니는 다시 입을 열어 그들에게 확고한 결단을 내리도록 해주었다.

"이야기는 이제 그만두고 자, 여기 장작더미에다 무기를 올려 놓아요. 안에서 음식을 다 먹어치우기 전에 어서 들어가요!"

어머니의 끌어 당기는 말과 몸짓에 그들은 마치 도깨비에라도 홀린 듯이 순순히 곁에 쌓인 장작더미 위에 무기를 풀어 놓았다. 그러자 어머니는 집 안으로 몇 발짝 걸음을 옮겨 짐에게 프랑스어로 뭐라고 했다. 그는 영어로 자신의 동료들에게 어머니의 말을 전하더니 곧 무기를 모두 모아 어머니에게 건네 주었다.

마침내 독일군과 미군들이 비좁은 방에 꽉 들어차게 늘어섰다. 어머니는 얼굴 가득히 미소를 띄고 각 사람에게 자리를 정해 앉도록 했다. 의자가 세 개밖에 없어 어머니의 침대를 끌어다 독일군 두 사람을 짐, 로빈과 함께 그 곳에 앉게 했다.

살얼음판 같은 냉랭한 분위기였다. 어머니는 다시 저녁 준비를 서둘렀다. 먹을 입이 넷이나 더 늘었는데 헤르만의 크기는 그대로였다. 어머니는 나에게 귀엣말을 했다.

"가서 감자와 귀리를 좀더 가져와라. 저들은 배가 고플 거야. 배가 고픈 사람은 신경이 날카로워 화를 잘 내거든. 그러니 어서 서두르렴."

창고에서 곡식을 꺼내는 동안 나는 해리가 신음하는 소리를 들었다. 돌아와보니 안경 쓴 독일군 하나가 해리의 상처를 들춰보고 있었다.

어머니가 그를 향해 물었다.

"간호병인가요?"

"아닙니다. 하지만 전 몇 달 전까지 하이델베르그에서 의학 공부를 해왔었지요."

그는 영어로 유창하게 날씨가 워낙 추워 덕분에 해리의 상처가 곪지는 않았다고 미군들에게 말했다.

"출혈이 너무 심한 탓입니다. 잘 먹고 충분히 쉬면 좋아 질 겁니다."

차츰 상대에 대한 적의와 의심이 풀리면서 긴장감이 잦 아들기 시작했다.

식탁에 둘러앉았을 때 자세히 살펴보니 어린 나에게도 군인들은 아주 어려 보였다. 쾰른 출신인 하인츠와 빌리는 열여섯 살이었고, 하사는 스물세 살로 그들 중 가장 나이 가 많았다.

하사는 배낭에서 포도주 한 병을 꺼냈고, 하인츠는 큰 호밀빵을 한 덩어리 꺼내 놓았다. 포도주 중 반 병은 '부상 당한 소년을 위해' 따로이 남겨 두기로 했다.

어머니가 식사 기도를 드렸다.

"주님이시여, 저희들과 이 자리를 함께 해주소서."

어머니의 눈에는 눈물이 글썽였다. 나는 그들 모두를 둘러보았다. 전쟁에 지쳐버린 군인들, 그리고 이제 다시금 앳된 청년으로 돌아온 그들, 멀리 미국에서 또 독일에서 집을 떠나 낯선 곳으로 온 그들 모두의 눈에도 눈물방울이 맺혔다.

자정이 되기 바로 전에, 어머니는 베들레헴의 별을 보자는 제안을 했다. 그래서 해리를 제외한 우리 모두는 문 밖으로 나가 어머니와 나란히 서서 하늘을 올려다보았다. 가장 밝게 빛나는 별을 밤하늘에서 찾는 그 순간에 죽고 죽이는 전쟁은 아득히 멀리 그리고 우리의 머릿속에서 흔적조차 남김없이 사라져갔다.

다음 날 아침까지 숲속 오두막집에서의 임시휴전은 계속되었다. 어머니는 이른 새벽에 해리를 깨워 죽을 떠 넣어 먹여 주었다. 그는 꽤 많이 좋아져 있었다. 어머니는 독일군 하사가 내놓은 포도주 남긴 것에 달걀과 설탕을 섞어 흔들어 마시게 했다. 다른 사람들은 오트밀로 아침식사를 했다. 어머니는 어디선지 장대 두 개를 구해 왔다. 그리고 아끼던 식탁보를 거기에다 묶어 해리를 운반할 들것을 만들었다. 독일군 하사가 미군들에게 부대의 위치를 알려 주었다. 짐의 지도를 펼쳐 정확한 지점을 가리키며 하사가 말했다.

"이쪽 강가를 따라가면 제1군이 상류에서 재편성을 하고 있을 거요. 거기서 합류하면 될 거요."

의학도가 하사의 말을 영어로 통역해 전해 주었다.

"몬샤우로 가면 안 되나요?"

짐이 물었다.

"나인(안 되오)!"

하사가 짐에게 대답했다.

"우리 독일군이 지금 몬샤우를 점령하고 있소."

어머니가 그들 각자에게 무기를 되돌려 주었다.

"다들 몸조심하세요. 반드시 모두 살아서 그리운 집으로 돌아갈 수 있을 거예요. 하나님의 축복이 여러분 모두에게 내리기를 기도하겠어요."

독일군과 미군들은 악수를 나누었다. 그리고 서로 반대 방향으로 돌아서서 걸어갔다. 그들의 모습이 완전히 숲속으로 사라지고 난 다음 어머니와 나는 집 안으로 들어왔다. 어머니는 오래 된 성경책을 꺼내 펼쳤다. 나는 어머니의 어깨너머로 펼쳐진 곳을 들여다보았다. 구유 속에서 탄생하신 그리스도, 그리고 동방박사들이 멀리서 선물을 가지고 찾아오는 이야기 등 크리스마스에 관한 글이 적혀 있었다. 어머니의 손가락 끝은 마태복음 2장 12절을 따라가고 있었다.

'……그들은 저마다 다른 길로 고국에 돌아갔다.'

깨달음

새들은 다시 살아나 밤하늘 속으로 힘차게 날아갔습니다
언제나 한걸음 물러서서 진리를 깨닫는 눈을 가져야겠습니다

크게 깨달은 랍비가 있었다. 그는 영성(靈性)이 빼어나고 지혜로웠다. 그의 가르침을 받으려는 많은 사람들이 사원에 모여들었다.

제자들은 랍비를 흠모했다. 랍비도 제자들을 사랑했다. 그러나 많은 제자들 중에서 한 제자에게 정이 깊었다.

그 제자는 '순진이'였다. 모든 제자들이 순진이를 질투하고 시기했다. 그들은 랍비가 순진이에게 각별히 대하는 까닭을 도무지 알 수 없었다. 왜냐하면 순진이는 그들보다 지적 능력이 훨씬 뒤져 보였기 때문이다. 탈무드나 토라 암송에도 가장 느렸고, 신의 개념을 토론할 때도 가장 우둔했다. 한 마디로 머리가 모자라고 똑똑치 못한 위인이었다.

진리며 사랑에 관한 토론이 벌어지면 순진이는 입 한 번 열지 못했다. 언제나 말없이 구석자리에 멍하니 앉아 있었다.

드물지만 토론장에서 그의 견해를 질문받을 때가 아주 가끔 있었다. 그럴 적마다 그는 수줍게 웃으며 대답했다.

"모든 사람의 의견에 동감합니다."

제자들은 그 대답에 웃지 않을 수 없었다. 그들은 비웃었다.

"어떻게 이 많은 의견에 동감할 수 있는가!"

그러면 순진이는 뒤통수를 긁으며 대답했다.

"의견이나 해석은 많지만, 주제와 문제는 단 하나뿐이므로 동감하는 것입니다."

제자들은 기가 막혔다.

"지금 이 자리는 저마다의 의견을 밝혀 토론하는 자리요."

그는 다시 수줍게 웃으며 같은 말을 되풀이했다.

"그건 알지만, 모든 생각들이 다 옳다는 게 나의 의견입니다."

그런 형편이므로 순진이는 머리 나쁘고, 생각할 줄 모르며, 진리를 이해할 능력이 없는 사람으로 소문이 났다.

그런데도…… 랍비는 순진이에게 특별히 마음쓰는 것이었다. 제자들은 현자가 대체 무엇 때문에 순진이를 사랑하는지 알 수 없었다. 그들에게는 우스울 따름인 순진이가 랍비에게는 사랑의 대상이 되고 있는 것이다. 이것은 제자들에게 무척 자존심 상하는 일이었다.

어느 날 아침, 순진이를 뺀 제자들이 모두 회의실에 모였다. 그들은 더 이상 순진이를 향한 현자의 애정을 참아낼 수 없다고 생각했다. 화가 난 그들은 순진이 문제를 어떤 식으로든 해결해야 한다고 떠들었다. 순진이를 사원 밖으로 내쫓아야 한다는 주장, 현자에게 강력히 항의하자는 주장…… 와글와글한 그들의 많은 주장들은 사원의 정적을

깨달음

밑바닥부터 뒤흔들어 놓기에 충분했다.

너무도 시끄러워 현자도 알아차렸다. 현자는 순진이를 불러 제자들을 큰 방으로 모이게 했다. 다 모이자 랍비는 순진이에게 큰 새장에 새를 가득 담아오라고 시켰다. 순진이가 새와 새장을 구하러 나가자 현자는 제자들을 향해 말했다.

"오늘 아침, 무슨 일로 시끄럽게 떠들었는지 다 알고 있다. 너희들이 내게 묻고 싶은 게 있다는 것도 진작부터 알고 있었다. 그러나 그 의문에 대답을 주기 전, 우선 내가 시험문제를 하나 내겠다. 이 시험 문제를 푼 다음, 너희들이 품은 의문에 대답해 주겠다."

순진이가 새가 가득 든 큰 새장을 가져와 현자의 발치에 내려놓았다. 그리고 공손히 절을 올리고 뒤로 물러가 자기 자리에 섰다.

랍비는 제자들에게 시험문제를 냈다.

"내 이야기를 잘 들어라. 여기 새가 가득 든 새장이 있다. 너희들은 저마다 한 마리씩 꺼내 가지도록 해라. 그리고 아무도 보는 이 없는 곳에서 죽인 뒤 해질녘까지 내게 가져 오너라. 내가 지금 말한 그대로 정확하게 실천해야 한다. 이것이 내가 너희들에게 내는 시험문제이다."

제자들은 새장에서 저마다 한 마리씩 새를 꺼내 가졌다. 그리고 사람이 없는 곳, 지켜보는 시선이 없는 곳을 찾아 뿔뿔이 흩어졌다.

제자들은 랍비가 낸 시험문제를 괴이하게 여겼다. 이상하고 당혹스러웠다. 하지만 순진이는 랍비의 말에 전혀 의

문을 품는 일이 없었다. 이상하게 생각하며 시간을 낭비하는 일도 없었다. 그는 현자의 모든 것에 절대적인 믿음을 가지고 있었다. 언제나 복종했고, 어떤 명령에도 의문을 나타내는 법이 없었다. 그래서 제자들이 고개를 갸웃거리며 누구의 시선도 닿지 않는 장소를 찾아 흩어질 때, 순진이만은 절대 복종의 미더운 얼굴로 사원문을 나섰다.

저녁 해가 서쪽 하늘에 물들었다. 잠시 뒤면 땅거미가 내려 어두워질 터였다. 제자들은 하나 또는 두셋씩 짝지어 사원으로 돌아왔다.

랍비는 마당에 자리를 펴고 조용히 앉아 있었다. 제자들은 랍비가 앉아 있는 땅 위로 죽은 새를 내려놓았다. 현자 앞에 곧 죽은 새가 잔뜩 쌓였다. 드디어 해가 떨어지고, 순진이만 뺀 모든 제자들이 죽은 새를 현자 앞에 내려놓았다. 순진이가 아직 오지 않았는데도 랍비는 제자들을 둘러보며 물었다.

"다 모였느냐?"

제자들은 우쭐하여 큰 소리로 대답했다.

"순진이만 보이지 않습니다!"

그 때 헐레벌떡 순진이가 들어왔다. 작은 새장 하나를 여전히 손에 든 채……

새장에는 새 한 마리가 들어 있었다. 그 새는 살아서 쩍쩍거리고 있었다. 제자들 사이에 수근거리는 소리가 일었다. 제자들 모두 현자의 시험문제에 합격했는데, 순진이만 기어코 불합격한 것이다. 게다가 해질녘까지 돌아와야 한다는 랍비의 명령을 어겼다. 제자들은 만족스러운 목소리

깨달음

253

로 수군거렸다.

　그들은 순진이의 어리석음과 미련스러움이 결국 드러났다고 생각했다. 그들은 음흉한 미소를 지었다. 결국 현자는 자신이 각별하게 대한 순진이의 정체를 꿰뚫어보게 될 것이었다.

　랍비는 그들의 수군거림이 가라앉을 때까지 잠자코 기다렸다. 소요가 가라앉자 드디어 현자는 큰소리로 물었다.

　"내가 낸 시험문제를 다 풀었느냐?"

　랍비의 말이 채 끝나기도 전에 제자들은 대답했다.

　"다 풀었습니다. 한 사람만 빼고요! 순진이는 아직 문제조차 모르고 있나 봅니다."

　"그렇구나…… 아무튼 너희들 내 문제가 어렵지 않더냐?"

　제자들은 현자의 질문에 앞다투어 저마다 한 마디씩 떠들어댔다. 아무도 보는 이 없는 곳을 찾아낸다는 것은 그리 쉽지 않았다. 아무튼 그들은 혼자만의 장소를 찾아내 새를 죽이는 의식을 치렀다. 어떤 제자는 뒷산 깊은 숲속으로 들어가 새를 죽였고, 어떤 제자는 커다란 바위 밑에 숨어 새를 죽였다.

　제자들의 보고가 끝나자 랍비는 순진이를 향해 물었다.

　"그러면, 자, 순진아! 네가 죽인 새는 어디 있느냐?"

　현자의 질문에 그는 머뭇거리며 새장을 들어올렸다. 그리고 더듬거리며 대답했다.

　"새는……이 새장 속에 있습니다."

　순진이의 대답에 제자들은 웃음을 터뜨렸다. 그들은 불

쌍한 놈, 결국 정체가 드러났다고 생각하며 순진이의 얼굴을 일제히 지켜보았다. 순진이는 제자들의 따가운 시선을 받자 얼굴을 당근처럼 붉히며 허둥지둥했다.

웃음소리가 잦아들고 다시 조용해지자, 랍비는 순진이에게 말했다.

"좋다. 그러면 어떻게 새가 아직 죽지 않고 새장 속에 들어가 있는지 해명하도록 해라."

순진이는 당황한 나머지 얼굴을 붉히고 어색한 미소를 지으며 더듬더듬 대답했다.

"스승님이 저희에게…… 주신 말씀은…… 아무도 보지 못하는 곳에서…… 새를 죽이라는 것이었습니다."

"그렇다. 누구의 시선도 미치지 않는 너 혼자만의 장소에서 죽이라고 했다. 그런데…… 그런데 너는 그런 장소를 찾아내지 못했나 보구나."

"못 찾아냈습니다, 스승님. 제가 가는 곳마다, 어디를 가든지 그 곳에는 신이 계셨습니다. 신께서 보고 계시므로 이 새를 죽일 수가 없었습니다."

순진이의 해명에 모두들 놀라 숨을 들이켰다. 이들을 훑어본 현자는 미소지으며 큰소리로 물었다.

"오늘 아침, 너희들이 품고 있는 의혹을 풀어 주겠다고 나는 약속했다. 자, 지금도 의혹에 대한 나의 해명을 바라느냐?"

제자들은 랍비의 질문에 부끄러워 허리를 굽히고 작은 소리로 아니라고 대답했다.

순진이는 오늘 아침의 일을 전혀 알지 못하므로 현자와

깨달음

255

제자들 사이에 오가는 이 이야기를 이해하지 못했다. 그러나 그는 스승과 제자들이 지금 무엇에 관해 이야기하는지 묻지 않았다. 그는 현자에 대해 절대적 믿음을 지녔으므로, 스승이 필요하다고 생각하면 그가 바라지 않아도 상세하게 이야기해 준다는 것을 알고 있었기 때문이다.

순진이는 말없이 현자 앞에 쌓여 있는 죽은 새들을 내려다보았다. 그는 죽은 새들이 가엾게 여겨져 다시 살려 낼 방법이 없을까 속으로 생각했다.

랍비는 순진이의 생각을 읽어 내고, 죽은 새들 위로 손을 뻗어 토라를 외웠다. 새들은 다시 살아나 밤하늘 속으로 힘차게 날아갔다.

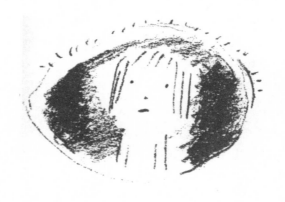

여자가 놓쳐서는 안될 1%찬스

설리번 선생님

손을 따라 흘러내리던 물의 시원한 느낌을 그녀가 처음 알았을 때,
그것은 살아있는 언어가 영혼을 일깨우고 빛과 기쁨을 주고
그녀를 자유롭게 만들어 주는 하나의 소통이었습니다.

두 살이 채 되기도 전에 헬렌 켈러는 병으로 인해 시력과 청력을 잃어 바깥세상과 단절되고 만다. 그리고 그 뒤의 약 5년간의 세월을 그녀는 이렇게 표현하고 있다.

"나는 기쁨의 감정을 혼자 낄낄거림으로써 표현했고, 그 반대의 감정은 발로 차거나 할퀴는 것으로 표현했다. 그리고 때로는 주위를 감싼 정적감으로 인해 질식할 듯한 비명을 지르기도 했다. 나는 그렇게 거칠게 그리고 제멋대로 살고 있었다."

하지만 보스턴에 있는 퍼킨스 맹인 학교로부터 알라바마에 있는 헬렌 켈러의 집으로 온 앤 설리번은 헬렌의 삶을 변화시킨다. 그녀 자신이 눈의 감염으로 인해 반쯤 실명상태까지 갔었고, 그것이 완전히 회복되지 않은 경험이 있었기에 설리번은 끊임없는 사랑과 헌신으로 헬렌에게 다가설 수 있었다.

사물과의 접촉감을 통해서 그녀는 헬렌의 정신세계와 연결될 수 있었고, 3년 안에 점자로 읽고 쓰는 법을 가르칠 수 있었던 것이다.

16살이 되었을 때 헬렌은 사립고등학교나 대학에 들어갈 수 있을 만큼 말을 잘하게 되었다. 그녀는 1904년에 래드 클리프를 좋은 성적으로 졸업했고, 나머지의 생을 앤 설리 번처럼 눈멀고 귀먼 사람들을 돕는데 바쳤다. 그들의 우정 은 앤이 이 세상을 뜰 때까지 계속되었다.

헬렌은 그녀의 자서전인 《내가 살아온 이야기》에서 앤 멘스필드 설리번 선생님이 처음 집에 오던 날에 대해 쓰고 있다.

내가 내 삶에서 가장 중요한 날이라고 기억하는 때는 앤 멘스필드 설리번 선생님이 오신 날이다. 그리고 그 날이 연결시켜준 두 개의 삶이 서로 얼마나 큰 대조를 이루고 있는가를 생각할 때마다 나는 경이감에 사로잡힌다. 1887 년 3월 3일, 그러니까 내가 7살이 되기 3개월 전이었다.

결코 잊지 못할 그 날 오후, 나는 무엇인가를 기대하면 서 말없이 현관에 서 있었다. 내 어머니의 몸짓이나, 집안 사람들이 분주히 움직이는 것으로 보아 뭔가 특별한 일이 벌어지리라는 것을 희미하게나마 느낄 수 있었다. 그래서 나는 현관으로 가서 계단에 앉아 기다리고 있었던 것이다.

현관 주위를 덮고 있는 인동덩굴과 치켜든 내 얼굴 위로 햇볕이 쏟아지고 있었다. 나는 이제 남쪽으로부터 온 달콤 한 봄을 맞기 위하여 막 돋아난 잎과 꽃들을 무의식적으 로, 하지만 아주 익숙하게 손으로 만지고 있었다.

나는 앞으로 일어날 일이 나에게 어떤 놀라움을 안겨다 줄지 알 수 없었다. 분노와 쓰디쓴 고통이 몇 주 동안이나 나를 짓누르고 있었고 깊은 번민만이 외로운 투쟁을 뒤따르고 있었다.

교육을 받기 전에 나는 길 잃은 배와 같은 상태였다. 나는 나침반도 측연선도 없이 항구가 어디에 있는지도 모르고 있었다.

'빛을, 내게 빛을 주세요!'

내 영혼이 소리없이 외치고 있었다. 그리고 그 순간 사랑의 빛이 내게 비치기 시작했다.

다음 날 아침 선생님은 내게 오셔서 나를 그녀의 방으로 데리고 갔다. 그리고 내게 인형을 하나 주셨다. 그것은 퍼킨스 학교에 있는 작은 눈먼 아이들이 보내주었고 로라 브라이드만이 옷을 입힌 인형이었다. 하지만 나는 그것을 그 이후까지도 알지 못했다.

내가 그 인형을 가지고 조금 놀자, 선생님은 내 손바닥 위에 천천히 '인형'이라는 단어를 써주셨다. 나는 당장 손가락으로 하는 이 놀이에 흥미를 갖게 되었고 그것을 흉내 내기 시작했다.

마침내 내가 그 단어를 정확하게 흉내내어 쓰는데 성공했을 때 내 얼굴은 기쁨과 자랑스러움으로 달아올랐다. 계단을 달려내려가 어머니께로 가서 손을 펴고는 인형이라 쓴 단어를 만들어 보였다. 하지만 나는 내가 단어를 쓰고 있으며 그런 단어가 존재한다는 것조차 모르고 있었다. 나는 그저 원숭이처럼 손가락 가는 대로 흉내를 내고 있을 뿐이었다.

그 후로 나는 이러한 알 수 없는 방식으로 핀, 모자, 컵,

앉다, 서다 그리고 걷다와 같은 많은 단어들의 철자법을 배웠다. 그리고 모든 사물에는 이름이 있다는 것을 이해하기까지는 수 주일이 걸렸다.

어느 날 내가 새 인형을 가지고 놀고 있을 때였다. 설리번 선생님은 내 큰 헝겊인형을 무릎에 올려놓으면서 '인형'이라고 썼고, 이 단어가 두 인형 모두에 해당됨을 이해시키려고 하셨다. 그 날 아침엔 '머그컵'과 '물'이라는 단어를 놓고 한바탕 고전을 벌였다. 설리번 선생님은 내게 '머그컵'은 머그컵이고 '물'은 물이라는 것을 이해시키려고 무던히 애를 썼지만 내가 계속 그 두 개를 혼동했던 것이다. 선생님은 실망해서 그 문제를 잠시 내버려두었는데 그건 마땅한 기회에 다시 시작하기 위한 임시책이었다.

나는 그녀의 반복되는 시도를 참을 수가 없었다. 그래서 새 인형을 바닥에 내동댕이쳤다. 그리고 깨진 인형 조각들을 내 발밑에 느꼈을 때 나는 기뻤다. 슬프지도 않았고 후회도 없었다.

선생님이 내게 모자를 가져다 주었고 나는 이제 따뜻한 햇볕이 있는 밖으로 나갈 시간이라는 것을 알았다. 그리고 이러한 생각은—만약 소리없는 어떤 느낌이 생각이라고 불리울 수 있다면—나를 기쁨으로 뛰게 만들었다.

우리는 길을 따라 걸어 수돗가로 갔는데 그 곳은 주위에 있는 인동덩굴 향기로 뒤덮여 있었다. 누군가가 펌프질을 하고 있었는데 선생님은 그 밑에 내 손을 가져다댔다.

차가운 물줄기가 내 한 손 위로 흘러갔고 다른 손 위에 설리번 선생님은 '물'이라는 단어를 쓰셨다. 처음엔 천천히, 그리고 그 다음에는 빠르게.

나는 가만히 서서 그녀의 손가락의 움직임에 온 신경을 집중하고 있었다. 갑자기 나는 잊혀졌던 무엇이 희미하게 되살아나는 것을 느꼈다. 생각이 되살아나는데서 오는 전율과도 같은 것을 느꼈던 것이다.

언어의 신비가 내게도 찾아온 것이었다. 나는 '물'이라는 것이 내 손 위로 흘러드는 차갑고 멋진 무엇인가를 의미함을 깨달았다. 그리고 살아 숨쉬는 그 단어는 내 영혼을 깨우고 빛과 희망과 기쁨을 안겨 주어 나를 자유롭게 했다.

그때까지도 어떤 장벽은 남아있었지만 이제 그 장벽은 곧 허물어질 수 있는 것이었다.

우물을 떠날 때 나는 배우고자 하는 열망으로 가득차 있었다. 모든 것들은 이름을 가지고 있었고 그 이름들은 내게 새로운 생각을 가져다주었다. 집으로 돌아와서 내가 손을 대는 물건들은 모두 살아서 움직였다. 나는 신비롭고 새로운 시각으로 모든 것을 보게 되었던 것이다.

문으로 들어서면서 나는 내가 깨뜨린 인형을 생각해냈다. 나는 벽난로로 더듬어 가서 인형 조각들을 주웠다. 그것들을 붙여 보려고 했지만 헛된 일이었다. 내 눈에 눈물이 가득 고였다. 나는 내가 어떤 짓을 했는지 깨달았고 난생 처음으로 후회와 슬픔을 느꼈다.

그 날 나는 새로운 말들을 아주 많이 배웠다. 그것들 모두를 기억할순 없지만 아버지, 어머니, 동생, 선생님이라는 말들이 있었다는 것이 기억난다. 그것들은 '마치 꽃이 달린 아론의 요술지팡이'와도 같이 나를 위한 세상이 꽃을

설리번 선생님

피우도록 만들어 주었다.

앤 멘스필드 설리번은 친구에게 보내는 편지 속에 헬렌에게 일어난 '기적'을 쓰고 있다.

1887년 3월 20일
오늘 아침 나는 기뻐서 어쩔 줄 몰랐어. 기적이 일어났어. 이해력의 빛이 내 작은 꼬마에게 비치기 시작했고 이제 모든 것이 바뀌었단다.

2주일 전까지만 해도 매우 거칠었던 아이가 상냥한 아이로 변했어. 그 애는 내가 글을 쓰고 있는 동안 내 옆에 앉아서 조용하고 행복한 얼굴로 스코틀랜드산 모직실로 붉고 긴 사슬을 뜨고 있었어. 이번 주에는 자수에 관해 배웠는데 그 애는 자신의 솜씨를 매우 자랑스러워하고 있단다. 방 저쪽에 닿을 정도로 긴 사슬을 만드는데 성공했을 때 그 애는 자기 팔을 쓰다듬고 스스로 만든 첫작품을 사랑스럽게 볼에 비벼댔단다.

이제 내가 입맞추어도 싫어하지 않고 아주 기분이 좋을 때면 몇 분간 내 무릎 위에 앉아있기도 한단다. 물론 아직 나를 쓰다듬거나 하진 않아. 하지만 그 위대한 첫걸음, 정말 중요한 첫걸음은 시작된 셈이란다.

사람들은 벌써 헬렌의 변화를 눈치채고 있단다. 그녀의 아버지는 수시로 우리를 들여다보곤 하는데 그 애가 구슬을 꿰거나 헝겊에 수평선을 수놓고 있는 모습을 만족스러운 듯 바라보곤 한단다. 그리고 이렇게 말씀하시지.

"우리 헬렌은 정말 얌전하구나."

내가 처음 왔을 때 그 애의 행동은 너무나도 고집스럽고 부자연스러웠어.

그리고 잘 먹지도 않았는데, 그 애 아버지는 이 점을 무척 걱정하셨단다.

이번 주에 헬렌은 몇 개의 명사를 배웠단다. 무엇보다도 '머그컵'과 '우유'가 가장 헬렌에겐 혼란스러웠던 모양이야. '우유'라고 쓰고는 '머그컵'을 가리키고, '머그컵'이라고 쓰고 나선 무엇인가를 따라서 마시는 시늉을 했는데 그건 그 애가 이 두 가지 단어를 혼동하고 있다는 표시거든. 아직 그녀는 사물에 이름이 있다는 것을 이해 못하는 것 같아.

1887년 4월 5일

오늘 아침엔 아주 중요한 일 때문에 편지를 쓰지 않을 수 없구나. 헬렌의 배움에 있어서 두 번째 큰 걸음이 시작되었단다. 모든 것에는 이름이 있고, 우리가 손으로 만드는 알파벳이 그 애가 알고 싶어 하는 모든 것의 열쇠가 될 수 있다는 것을 그 애가 깨닫기 시작한 거야.

저번 편지에 내가 헬렌이 무엇보다도 '머그컵'과 '우유'라는 단어를 혼동했다고 그랬지. 그 애는 그 두 개의 명사를 '마시다'라는 동사와 혼동했던 거야. 그 애는 '마시다'라는 단어를 몰랐는데도 불구하고 '머그컵'이나 '우유'를 쓸 때마다 마시는 시늉을 반복했단다.

오늘 아침 세수할 때 그 애는 '물'의 이름을 알고 싶어 했어. 무엇인가의 이름이 알고 싶을 때 그 애는 그것을 가리키고 내 손을 쓰다듬어. 나는 '물'이라고 써 주고 나서 아침식사 후까지 그것에 대해 잊어버리고 있었단다. 그런데 이 새로운 단어의 도움으로 '머그컵'과 '우유' 때문에 생긴 어려움을 해결할 수 있을지도 모른다는 생각이 내게 떠오른 거야.

나는 헬렌을 수돗가로 데려가서 내가 펌프질을 하는 동안 수도꼭지 밑에 머그컵을 들이대고 있도록 했단다. 차가운 물이 솟구쳐 나와 머그컵을 채울 때 나는 헬렌의 한쪽 손에다 '물'이라고 써주었어. 그 단어가 손에 흘러넘치는 차가운 물의 감촉과 너무나도 가까이 느껴지는 것이 그 애를 놀라게 하는 것 같았어.

그 애는 컵을 떨어뜨리고 꼼짝않고 서 있었단다. 새로운 빛이 그 애의 얼굴에서 빛나기 시작했어, 그 애는 '물'이라는 단어를 몇 번이고 썼단다. 그리고 나서 땅을 짚으며 그것의 이름을 물었고 계속해서 펌프와 울타리를 가리켰단다.

또 갑자기 돌아서서 내 이름을 묻길래 '선생님'이라고 써주었지. 그 때 유모가 헬렌의 여동생을 데리고 왔는데 헬렌이 '아기'라고 쓰고는 유모를 가리키지 뭐니.

집으로 오는 동안 그 애는 너무나도 흥분해서 손에 닿는 모든 것의 이름를 알려고 했어. 그래서 단지 몇 시간 안에 서른 개나 되는 새로운 단어를 배웠단다.

문, 열다, 닫다, 주다, 가다, 오다 그리고 많은 단어를 배웠단다.

어젯밤 시간이 없어서 미처 다 쓰질 못했어. 그래서 몇 자 더 적는다.

오늘 아침 헬렌은 마치 반짝이는 요정과 같은 모습으로 일어났단다. 그리고 이 물건에서 저 물건으로 옮겨다니며 그것들의 이름을 묻고 기뻐하며 내게 입맞췄단다. 어젯밤 에도 그 애는 침대에 누워있는 내 품안으로 들어와 처음으로 내게 키스했단다. 나는 너무나도 기뻐서 가슴이 터질 것만 같았어.

설리번 선생님

청춘이란

청춘이란 나이의 젊음이 아니고
그 뜨거운 삶의 열정을 말합니다

1840년, 독일 헤힝겐의 유대인 집안에서 한 아이가 태어났다. 아이의 눈은 크고도 맑았다. 미국으로 이민온 아이의 집안은 매우 가난했다. 아이는 아버지의 푸줏간일을 도와야 했다.

"아버지, 저는 공부하는 게 좋아요. 공부하고 있을 때가 가장 행복해요."

소년은 커다란 눈을 깜빡이며 말했다.

"공부하는 게 뭐가 그리 좋으냐?"

아버지는 고기를 썰며 물었다.

"머릿속에 무엇인가가 쏙쏙 채워지는 느낌이 좋아요. 그럼 안 먹어도 배가 부른 것 같거든요."

소년은 하얀 이를 드러내며 맑게 웃었다. 하지만 소년은 그렇게 좋아하던 공부를 1년 반 정도밖에 할 수 없었다. 소년의 가정형편으로는 계속 학교에 다니기 어려웠기 때문이다. 대신 소년은 틈틈이 혼자서 공부했다. 그는 시를 쓰고, 무엇인가에 대해 논하는 것을 좋아했다. 그는 자신이 쓴 시를 곧잘 친구들에게 읽어주기도 했다.

소년의 이름은 사무엘 울만이었다.

울만은 남북전쟁이 일어나자 병사로 전쟁에 참가했다. 하지만 울만은 여기서 비극적인 사고를 당하고 만다. 바로 한쪽 귀의 청력을 잃어버리게 된 것이다. 하지만 울만은 절망하지 않았다.

'대신 또 한쪽 귀가 있잖아. 아주 들을 수 없게 된 것도 아닌데, 뭘.'

울만은 시련 속에서도 희망과 용기를 잃지 않았다. 울만은 25살 되던 해 엠마라는 여인과 결혼했다. 둘 사이에서는 여덟 명의 아이들이 태어났다. 그는 아이들을 사랑했다. 그는 아이들이 자신처럼 공부하고 싶어도 하지 못하는 안타까운 일이 없도록 항상 교육에 힘썼다.

한편 사무엘 울만은 넉넉지 못한 형편에도 낮에는 열심히 일하고 밤에는 독학으로 탈무드를 열심히 공부하여 마침내 소망대로 랍비가 되어 미국 유대인 사회에서 존경받는 인물이 되었다.

그는 지역공동체의 시교육위원으로서 교육 발전에 많은 노력을 기울였고 그 성과는 사람들의 칭송을 받았다. 유대교 개혁과 전파에 힘써 시나고그(유대교회) 의장이 되었고, 미국 시나고그 역사 최초의 평신도 출신 율법사(lay rabbi)가 되었다. 울만은 학교 교육은 충분히 받지 못했으나 평생동안 학구적 노력을 게을리하지 않아 높은 수준의 학자적 경지에 이르렀다. 그는 일상생활을 소재로 시를 썼고, 자기 주장을 논리정연한 글로 표현했다.

1918년 동서양 세대를 가리지않고 애송되는 시 〈청춘〉이 탄생한다.

청춘이란 인생의 어떤 기간이 아니라 마음가짐입니다.
장미빛 뺨, 붉은 입술, 나긋나긋한 손발이 아니라
씩씩한 의지, 풍부한 상상력, 불타는 정열입니다.
청춘이란 인생의 깊은 샘에서 솟아오르는 청신함입니다.

청춘이란 두려움을 물리치는 용기,
안이함을 선호하는 마음을 뿌리치는 모험심입니다.
때로는 20세 청년보다도 60세 노인이 더 젊습니다.
나이를 더해 가는 것만으로 사람은 늙지 않습니다.
세월은 피부에 주름살을 늘려가지만
열정을 잃으면 마음이 시듭니다.
고뇌, 공포, 실망에 의해 기력은 땅을 기고
정신은 먼지가 됩니다.

60세든 16세든 인간의 가슴에는
경이에 이끌리는 마음,
어린애와 같은 미지에 대한 탐구심,
인생에 대한 흥미로부터 아름다움, 희망, 기쁨, 용기 그
리고 힘의 영감을 받는 한 그대는 젊습니다.

영감이 끊기고, 정신이 아이러니의 눈에 덮이고,
비탄의 얼음에 갇힐 때
비록 20세의 나이라도 늙은 것입니다.
머리를 높이 치켜들고 희망의 물결을 붙잡는 한
80세라도 인간은 청춘으로 남습니다.

이 명시 〈청춘〉을 사무엘 울만은 78살 때 썼다. 그는 평생 인생의 교사였다. 그는 하루하루의 삶을 어떻게 살아야 되며, 어떤 의미를 가져야 하는지에 대해서 이렇게 말했다.

지구와 그 위에 실현된 모든 충만, 태양, 달, 여러 행성 및 창공을 장식하는 셀 수 없는 별들은 시간이라는 육지 위에 하느님의 손이 가꾼 정원에 지나지 않으며, 우리는 하느님의 사랑으로 시간이라는 자궁으로부터 불려나와 이 세상이라는 정원에서 자리를 잡았다. 우리는 이성의 존엄과 자유의지의 신성한 힘을 부여받았다. 우리는 시간을 정복하고 제압하여 그 광대한 원료로부터 우리 자신의 인생을 창조하라는 명령을 받았다. 해가 우리 지상 경력(經歷)의 서쪽에서 질 때 우리가 자랑스럽게 하루하루의 날들을 가리키며 '보라! 이것들은 우리가 주인인 하루하루의 날들이었다'고 말할 수 있도록, 날들이 지나갈 때 하나씩 차례로 장악하고 그 하루하루의 나날이 우리 미덕의 하인이 되게 하고 우리 활동의 머슴이 되게 하며, 그 하루하루의 날들에 우리 품행의 신성한 생활을 표시하는 도장을 찍으라는 명령을 받았다.

맥아더는 1952년 한국전쟁에서 퇴역한 뒤 귀환하여 미상하원의회에서 "노병은 죽지 않고 사라질 뿐"이라는 명언설을 하여 미국민들을 열광케 했다.

75살 생일인 1955년 1월 26일 캘리포니아주 로스앤젤레스에서 열린 한 집회에서 맥아더는 울만의 시를 인용하며 '청춘은 인생의 한 시기가 전혀 아니다—그것은 마음의 한 상태이다'라는 신념 때문에 75살의 나이에도 아직 젊다고 선언하는 연설을 했다.

내셔널 그룹의 창업자이며 경영의 신이라 불리는 마쓰시타 고노스케(松下幸之助)는 70살 때 노쇠하는 정신적·육체적 에너지로 중요한 사업 확장을 감당하기에는 무리인 것 같아 두려웠다. 그 때 그는 〈청춘〉의 사본 한 부를 발견했고, 그 시 속에서 일신된 정열과 원기를 얻어 왕성한 활동을 할 수 있었다. 자필로 한 구절을 베껴 사본을 만들어 세계 곳곳 내셔널 그룹의 사람들에게 보냈다. 마쓰시타의 파나소닉 부문 사업은 그렇게 해서 번창할 수 있었고 그는 94살까지 살았다. 마쓰시타는 사무엘 울만 〈청춘〉의 단순한 문구에서 영적, 정신적 원기회복이 이루어짐을 발견했던 것이다.

78살 고령의 존 글렌 미 상원의원은 우주비행 재도전을 성취하여 세계를 감동케 했다. 정주영 현대그룹 명예회장은 84살인데도 소 천 마리를 이끌고 휴전선을 넘어 북한으로 들어가 통일의 첫걸음인 금강산 관광길을 열었다.

청춘이란 인생의 어떤 기간이 아니라 마음가짐이라는 사무엘 울만의 시 〈청춘〉은 인생의 진실함을 보여준 절창(絶唱)이 아닐 수 없다.

소중한 사람을 위해 기도해라

화해하기 위해 싸움을 할 결심을 해라. 제대로 싸워서 제대로 화해해라. 도망치지 마라.

따뜻한 방 안에서 물방울이 살짝 맺힌 유리창에 손가락으로 그림을 그려 보아라. 겨울새가 한꺼번에 날아오르는 모습을 보아라. 그 순간 마음이 번쩍 빛나는 느낌이 들 것이다.

걱정이나 불안 때문에 용기를 낼 수 없을 때에는 주문을 외워라. "문제없어!"

따끈따끈한 크로켓을 오물오물 먹으며 길을 걸어라.

고양이처럼 기지개를 펴라. 쭈우욱 하고.

어머니께 맛있는 스튜를 끓여 드려라.

크리스마스를 준비하라. 친구를 깜짝 놀라게 할 만한 선물을 미리 생각해라.

온갖 색채의 저녁놀을 보러 가라. 오렌지 색깔, 포도 색깔, 장미꽃 색깔, 제비꽃 색깔, 라즈베리 색깔, 레몬 색깔, 감 색깔, 저녁놀 조각들을 한 숟갈씩 떠서 입 안에 넣는 상상을 해 보라.

꿈이란 갖고 싶은 직업이 아니라 '내일'을 사랑하는 것을 가리킨다. 현재를 즐겁게 살아가기 위해 미래를 바라보라. 눈을 크게 뜨고서 바라보라.

보들보들 따갑지 않은 니트 모자를 사라.

따뜻한 방 안에서 차가운 귤을 뺨에 가져다 대 보자.

연인과 손바닥 크기를 비교해 봐라. 발바닥 크기를 비교해 봐라. 구두를 서로 바꿔서 신어 봐라.

지금 이 순간 저 멀리 얼음 왕국에서는 오로라가 색색의 날개를 편 채 빛나고 있을 것이다. 환상적인 밤을 떠올려 봐라.

음악을 틀어 놓고 청소를 해라. 청소기를 돌리면서 큰 소리로 노래 불러라.

유자 목욕을 해 보자. 물에 불린 유자의 새콤하면서도 시큼한 향기를 맡으며 욕조 안에서 무릎을 끌어안아 몸을 둥글게 말아 보자. 마치 유자처럼.

크리스마스이브. 초에 불을 붙이고 불꽃의 끝부분이 셀로판지처럼 반짝이며 흔들거리는 모습을 바라보아라.

선물은 무엇으로 해야 할까. 그가 기쁘게 웃을 만한 물건과 자기 마음이 따스해질 만한 물건을 하나씩 고르자.

사랑스런 사람에게 키스하라. 평생 단 한 번인 것처럼 다시없는 키스를. 처음이자 마지막인 것처럼 안타까운 키스를. 눈물처럼 사랑스런 키스를.

소중한 사람을 위해 기도해라. 모르는 사람을 위해 기도해라. 바라지 말고 기도해라.

이희영
성균관대학교 국사학과 졸업
성균관대학교 대학원 사학과 졸업
파리사회과학고등연구원 EHESS 역사인류학 박사과정 수학
여성생활문화연구소 대표
지은책「엄마의 생활지혜」「솔로몬 탈무드」「유대인 공부 잘하는 방법」
옮긴책「어머니 통곡하지 마세요/펄벅」

하버드대 서울대 행복학 강의 시작
여자가 놓쳐서는 안될 1%찬스
이희영 지음
1판 1쇄 발행/2008년 8월 8일
발행인 고정일
발행처 동서문화사
창업 1956. 12. 12. 등록 16-345 (윤)
서울강남구신사동 540-22 ☎ 546-0331~6 (FAX) 545-0331
www.epascal.co.kr
잘못 만들어진 책은 바꾸어 드립니다.
*